Bauernhof

Visite

Die Puppenstadt »Mon Plaisir«

Ein Lesebuch

von Heinrich Pleticha

Mit Bildern

von Constantin Beyer

STÜRTZ VERLAG WÜRZBURG

Unterhaltungsabend bei Hofe

Inhalt

Bürgerliche Kinderstube

Einmal Gulliver sein

*

Wer möchte nicht einmal Gulliver sein, jener Kapitän, der auf seinen denkwürdigen Reisen die seltsamsten Länder besuchte und, wie Jonathan Swift, sein geistiger Vater, in dem Roman »Gullivers Reisen« erzählt, sowohl in das Land der Riesen als auch nach Liliput, ins Reich der Zwerge, gelangte. Ein Besuch bei den Riesen muß es ja nicht gerade sein, aber als überragender Beobachter ein Land mit fingerlangen Zwerglein zu besuchen, wäre durchaus amüsant und bemerkenswert zugleich. Kinder haben dieses Vergnügen, ohne daß sie dabei an Swift, Gulliver oder Liliput denken. Sie spielen mit kleinen Rittern und Seeräubern, mit Raumfahrern und Straßenbauarbei-

tern, mit Barbie-Puppen, Kaufläden und Puppenhäusern. Und doch sind sie eigentlich keine Nachfahren Gullivers, weil sie nicht wie dieser *über* ihrem Puppenreich stehen, sondern mitten *in* ihm, wenn sie auch mit ihren Figürlein willkürlich wie Riesen umspringen.

Der Erwachsene dagegen steht außerhalb solcher kleiner Welten. Er betrachtet sie aber meistens mit Vergnügen, ganz gleich, ob es sich um Zinnfigurendioramen, Modelleisenbahnen, Guckkästen oder Weihnachtskrippen handelt. Warum spricht man in solchem Falle jedoch stets nur vom »Kind im Manne«? Frauen sind doch in dieser Hinsicht auch nicht besser oder schlechter.

✲

Ein illustres Beispiel bietet uns die Fürstin Auguste Dorothea von Schwarzburg-Arnstadt. Sie war eine Tochter des Herzogs Anton Ulrich von Braunschweig-Wolfenbüttel und Gemahlin des Grafen und späteren Fürsten Anton Günther II. von Schwarzburg-Arnstadt. Die kleine Residenz Arnstadt in Thüringen südlich von Erfurt, in die sie 1684 als Achtzehnjährige einheiratete, bot ihr gewiß nicht viel Abwechslung. Es war ein typisches Ackerbürgerstädtchen mit etwa 3200 Einwohnern, das sich von ähnlichen Orten eben nur durch ein Schloß und die dazugehörige Hofhaltung unterschied. Wenn es auch nirgends ausdrücklich vermerkt ist, so dürfen wir doch ziemlich sicher annehmen, daß sich die Fürstin hier langweilte, auch wenn sie sogar über ein eigenes Hoftheater und über eine 22köpfige Hofkapelle verfügte! So flüchtete sie sich in eine Sammelleidenschaft, die sie offensichtlich von ihrem Vater, einem der bedeutendsten Kunstsammler seiner Zeit, geerbt haben mochte. Gegen eine Kunstsammlung war nichts einzuwenden, nur kannte die Dame in ihrem Sammeleifer keine Grenzen und gab das Geld mit vollen Händen aus.

Es begann schon damit, daß sie sich als Vierunddreißigjährige 1700 ein Schloß mit angrenzendem Park bauen ließ, das nach ihr »Augustenburg« genannt wurde. Schon zehn Jahre später berichtete ein Chronist wahre Wunderdinge von der Ausstattung dieses Schlosses. Nicht erwähnt wurde dabei zweierlei. Zum einen die Verschwendungssucht der Fürstin, die weder Rücksicht auf die eigenen Einnahmen noch auf die Finanzen ihres Gatten nahm. Dieser mußte sie mehrfach aus ihren Geldverlegenheiten erlösen, was ihm bestimmt auch nicht leicht gefallen sein dürfte. Zum andern wird auch die Puppensammlung der Fürstin nicht erwähnt, die damals schon

mehrere Jahre alt war, aber offensichtlich doch noch in ihren Anfängen steckte und daher auch noch nicht das Interesse der Öffentlichkeit erregt hatte.

»Mon Plaisir« nannte die Fürstin diese in ihrer Art einmalige Sammlung, die sie im südlichen Seitenflügel ihres Schlosses untergebracht hatte. Es war das typische Produkt eines ehrgeizigen Sammlers bzw. in diesem Falle einer Sammlerin, der es nicht auf wahllose Anhäufung ankam, sondern die sich ein bestimmtes Motto erwählt hatte, das einen Ausbau unter immer neuen Aspekten erlaubte und damit der Sammelleidenschaft keine Grenzen setzte. Ziel Auguste Dorotheas war es, einen Fürstenhof ihrer Zeit und die dazugehörige bürgerliche und bäuerliche Umgebung in allen Einzelheiten en miniature mit Püppchen darzustellen. So schuf sie im ersten Drittel des 18. Jahrhunderts eine Art überdimensionales Puppenhaus, nicht als Spielobjekt für Kinder, sondern nur zum Anschauen und Bewundern für sie selbst und ihre Umgebung, ein Stück Liliput also für Gulliver und seine Freunde.

Glückliche Umstände wollten es, daß dieses kleine Wunderwerk, nur ein wenig angenagt durch den berüchtigten Zahn der Zeit, bis heute erhalten blieb. Nach einer Odyssee im 19. Jahrhundert hat es im Schloßmuseum von Arnstadt nun seine hoffentlich endgültige Bleibe gefunden.

Die folgenden Seiten können zwar keinen Eindruck von allen Objekten dieser Sammlung vermitteln, wohl aber von den schönsten und originellsten. Man kann sich ihnen auf die unterschiedlichste Weise nähern. Allein schon, indem man nur die Bilder betrachtet und wie einstmals Gulliver auf Entdeckungsreisen geht. Dann begegnet man der Welt in der ersten Hälfte des 18. Jahrhunderts und besucht als privilegierter Gast einen kleinen Fürstenhof. Man lernt

✻

die Fürstin und ihren Hofstaat kennen, darf aber auch in bürgerliche Wohnungen blicken, die Abfahrt der Postkutsche auf dem Markt und die Bauern und Handwerker bei ihrer Alltagsarbeit beobachten und sogar eine Messe in der Hofkirche besuchen. Aber eigentlich ist der Betrachter gar kein so richtiger Gulliver; denn mit dem unterhielten sich ja die Bewohner von Liliput und erzählten ihm von ihren kleinen und großen Sorgen. Die Püppchen aber bleiben stumm. Deshalb mußten sie irgendwie zum Sprechen gebracht werden und kommen in sorgfältig ausgewählten zeitgenössischen Texten zu Wort. Natürlich können auch diese nur einige Einblicke in das Alltagsleben gewähren, aber gerade in den subjektiven Schilderungen der Zeitgenossen liegt ein besonderer Reiz. Dabei macht es gar nichts aus, daß diese Aussagen nur zum geringen Teil aus dem engeren Umfeld der thüringischen Residenz stammen; denn die Verhältnisse waren fast das ganze 18. Jahrhundert bis zum Vorabend der Französischen Revolution in den deutschen Fürstentümern oder Königreichen gleich oder zumindest sehr ähnlich. Erst mit den Napoleonischen Kriegen brach die hier dargestellte und geschilderte Welt auseinander.

Fürstin Auguste Dorothea von Schwarzburg – Arnstadt

Die Puppen der Fürstin
Die Entstehung von Mon Plaisir

✳

Schon in ein paar nüchternen Zahlen spiegelt sich die Einmaligkeit der Puppensammlung von Mon Plaisir. Heute umfaßt sie im Schloßmuseum von Arnstadt 82 Kästen oder Räume, wie man auch sagen kann, mit insgesamt 391 Figuren und rund 2700 Inventargegenständen. Zu Lebzeiten der Fürstin Auguste Dorothea hatte sie einen ähnlichen Umfang, nur wurde die Aufstellung der Figuren im Laufe der Zeit mehrfach etwas gewandelt.

An der unterschiedlichen Größe der Puppen, aber auch an der Qualität ihrer Ausführung erkennt der Fachmann, daß über längere Zeit an der Sammlung gearbeitet wurde. Tatsächlich vergingen fast fünfzig Jahre, bis sie ihren end-gültigen Umfang erhalten hatte. Man unterscheidet heute drei Puppengrößen: die meisten der rund 300 »Standard-Puppen« sind 20 bis 28 Zentimeter groß, dann gibt es noch 53 kleinere von 15 bis 19 Zentimetern und 32 große Puppen von 27 bis 35 Zentimetern Höhe. Da sie sich aber über die verschiedenen Räume gleichmäßig verteilen, fallen die Unterschiede gar nicht einmal so sehr auf. Holz, Draht und Wachs bilden die Grundmaterialien, aus denen man nach einem feststehenden Modell die Körper fertigte. Den Betrachter interessiert verständlicherweise weniger das Innenleben als vielmehr das Aussehen. Man muß schon sehr genau hinschauen, bis einem auffällt, daß manche der aus Wachs geformten Köpfchen bzw. Gesichter mehrfach verwendet wurden, aber es gibt auch gerade bei den wichtigen Figuren ganz individuelle und zugleich originelle Typen. Nur Künstler in ihrem Fach konnten überhaupt solche Köpfchen schaffen. Es wird vermutet, daß die meisten von zwei Franziskanerpatres aus Erfurt geformt wurden, die nacheinander als Hofprediger bei der Fürstin wirkten. Sie sollen Bossierer gewesen sein, also die Kunst beherrscht haben, aus Bossierwachs, einer Mischung aus Terpentin, Wachs, Kolophonium und Baumöl, Modelle für Bildhauer, aber auch Köpfchen für Votiv- und Krippenfiguren herzustellen. Man kann sich die ehrwürdigen Herren Patres geradezu vorstellen, wie sie in ihrer sicher reichen Freizeit im Schloß an den Puppenköpfchen herumbosselten! Manche sind nur ganz einfach ausgeführt, andere wieder scheinen nach der Natur modelliert worden zu sein. Man betrachte nur das Bäuerlein in der Apotheke, das viel liebevoller gearbeitet wurde als etwa der Apotheker und sein Gehilfe. Allein schon an den Gesichtsfarben erkennt man hier die Stubenhocker und den Feldarbeiter.

Nicht weniger fleißig und sorgfältig als die Patres waren jene Mitarbeiter, die Kleider und Gerätschaften herstellten. Sie sind anonym geblieben, wahrscheinlich wird man sie in den Kreisen der Hofbediensteten oder sogar der Hofgesellschaft suchen müssen. Handwerkliches Können, aber auch Liebe zum Spielerischen bildeten dabei wichtige Voraussetzungen für ihre Arbeit, die nicht einfach war und viel Geduld erforderte. Nehmen wir als Beispiel nur die Herrenstrümpfe oder Stulpen, von denen je mehrere hundert Paare gefertigt werden mußten. Sie wurden entweder aus Baumwolle oder Seidengewirk zugeschnitten und an den Waden zugenäht oder sogar aus

Garn mit nur 3 Zentimeter langen Nadeln gestrickt. Köstlich sind auch die Einzelheiten der Kleidungsstücke – wie etwa die Spitzenmanschetten, die unter den Ärmeln der Herren hervorschauen, die zarten Hauben der Damen, die Leder- und Brokatschuhe, die gestrickten Zipfelmützen.

Nur die allerwenigsten Puppen wurden auswärts gekauft, eher schon manche der kleinen Einrichtungsgegenstände – wie etwa die chinesischen Porzellane oder die italienischen Spiegelchen, die aus oder über Nürnberg und Leipzig geliefert wurden. Wenn man bedenkt, daß für die Kleider kostbare Stoffe, Spitzen und Posamenten benötigt wurden, kann man sich leicht vorstellen, daß trotz der sicher kostenlosen Arbeitskräfte die Herstellung der Puppen und Geräte ins Geld ging. Bereits aus dem Jahre 1697 existiert eine erste Rechnung über 24 Reichstaler für »Poppen Zeug«, und die folgenden Jahre brachten sicher noch zahlreiche solcher Rechnungen. Da die Fürstin ja auch für ihre sonstigen Ambitionen hemmungslos Geld ausgab, sind ihre beständigen Finanznöte keineswegs verwunderlich.

Das Ergebnis der sorgfältigen Arbeit und der hohen Ausgaben kann sich aber durchaus sehen lassen. Die Fürstin wollte die genaue Nachbildung einer höfischen Gemeinschaft mit den dazugehörigen bürgerlich-handwerklichen und bäuerlichen Bereichen schaffen. Ihr Plan ging dabei von Anfang an weit über den Rahmen eines der üblichen großen Puppenhäuser jener Zeit hinaus. Eine ganze Stadt sollte entstehen, die von vornherein nicht zum Spielen gedacht war und auch keinen Anschauungsunterricht – vielleicht sogar für die Nachwelt – liefern sollte. Auguste Dorothea war Sammlerin, und den Gedankengängen eines Sammlers zu folgen, ist nicht leicht; denn sie sind fast immer subjektiv und ichbezogen. Warum jagt ein

✳

Briefmarkensammler den Ausgaben mit verschiedenen Zähnungen, Eckstücken nach? Warum will ein Büchersammler unbedingt alle Erstausgaben eines Autors besitzen, wenn er doch spätere Ausgaben viel billiger haben könnte? Auguste Dorothea wollte einfach sammeln und dabei zugleich eine Art weiblicher Gulliver sein. Wir profitieren davon und genießen das heute, sehen aber die Sammlung in ihrer jetzigen Gestalt wahrscheinlich mit anderen Augen, bietet sie uns doch einen in dieser Art einmaligen Anschauungsunterricht über das Leben im 18. Jahrhundert.

Im Mittelpunkt stehen dabei natürlich der Hof und die höfische Gesellschaft, wobei aber alles auf eine Fürstin bezogen ist und ein männliches Oberhaupt meistens fehlt. Die hohe Frau hält im Thronzimmer Audienz, läßt sich porträtieren, unterhält sich im Kreis ihrer Hofdamen und geruht sogar, in der Kinderstube den Nachwuchs zu begutachten, wobei keineswegs ersichtlich ist, ob es sich um den eigenen handeln soll.

Es wird musiziert, Tee getrunken, gespielt, parliert, getanzt, dem Auftritt eines Wandertheaters zugesehen. Arbeiten muß offensichtlich niemand, die Arbeit bleibt der zahlreichen Dienerschaft in der Wäschekammer, der Schneiderwerkstatt, der Frisierstube, in der großen Küche und im Park überlassen. Beschäftigt sind auch die Geistlichen und die Nonnen. Auguste Dorothea war 1715 zum Katholizismus konvertiert, das erklärt, warum der katholische Gottesdienst und das Leben in einem Nonnekloster in die Schaustellung einbezogen sind, obwohl das Fürstentum und damit auch die Residenz Arnstadt prote-

stantisch waren. Die unbeweglichen Püppchen eignen sich besonders gut für die steife höfische Atmosphäre.

Viel lebendiger geht es da in der Stadt und auf dem Vorwerk zu. Zu den schönsten und lebendigsten Szenen der ganzen Sammlung gehört ohne Zweifel der Markt der Residenz mit dem regen Betrieb vor der Poststation. Hier wimmelt es zwar von Leuten, Pferden und sogar Hunden. Merkwürdigerweise begegnen uns aber keine Kinder. Überhaupt gibt es unter den rund 400 Figuren von Mon Plaisir nur ein halbes Dutzend Wickelkinder, von denen zwei der Familie des »Hofmohren« gehören, und ein paar wenige brave Mädchen auf dem Markt, Jungen dagegen fehlen ganz. Sind sie im Laufe der Zeit alle verlorengegangen? Das ist kaum anzunehmen, eher läßt ihr Fehlen schon den Rückschluß zu, daß die Fürstin offensichtlich keine Jungen schätzte.

Ganz besonders lohnt sich das Betrachten des Markttages. Hier gilt mehr denn je das Goethewort »Greift nur hinein ins volle Menschenleben …«. Fast jeder einzelne Verkaufsstand ist ein Verweilen wert, aber auch das Puppentheater mit dem Hanswurst als Ausrufer, der ganz bescheiden ins Eck gerückte Fallenhändler und Rastelbinder, die Fleischersfrau und die Bettlerin, der Hausierer mit seinem Bauchladen oder der sogenannte Wunderdoktor mit seinem grünseidenen Faltenröckchen dürfen nicht übersehen werden. Weit mehr noch als der ganze Hofstaat repräsentieren sie ein wichtiges Stück deutscher Kulturgeschichte, und man möchte geradezu wünschen, die Fürstin hätte sich beim Ausbau der Sammlung nur auf diesen Bereich konzentriert.

Kleine Abendgesellschaft bei der Fürstin

Er ist bei Hofe

Das Leben an einem kleinen Hof

»Er ist bei Hofe!« – Mit dieser Auskunft habe man ihn in Weimar überall abgefertigt, wenn er jemandem einen Besuch abstatten wollte, erzählte ein Reisender der Goethezeit. Tatsächlich beherrschten in den kleinen Residenzstädten, zu denen in Thüringen Arnstadt ebenso gehörte wie etwa Weimar, die fürstlichen Schlösser nicht nur rein äußerlich das Stadtbild, sondern der Hofdienst beeinflußte auch das Leben eines Großteils der Bevölkerung. Die einen verkehrten bei Hofe, die anderen dienten dort. Abgesehen von einigen wenigen großen Residenzstädten wie etwa München, Berlin, Stuttgart oder Kassel, zählten die kleineren Residenzen alle nicht mehr als drei- bis siebentausend Einwohner. Viele von ihnen hingen direkt oder indirekt wirtschaftlich von der Hofhaltung ab, sei es als Bedienstete oder Lieferanten, und diese mußten ja auch wieder von Kaufleuten und Handwerkern versorgt werden, so daß ein kleiner Kosmos entstand, dessen Mittelpunkt eben ein bedeutender oder weniger bedeutender Landesherr – in Ausnahmefällen auch eine Landesherrin – bildete.

Der aus Schwaben stammende Karl Heinrich Ritter von Lang erzählt in seinen »Memoiren« von dem überwältigenden Eindruck, den ein solcher Fürst, der in Wirklichkeit kaum mehr war als ein Kleinstadtpotentat, ein Herr über ein paar tausend Seelen, in seiner Jugend auf ihn machte:

Hoch auf einem Berg lag die weit ins Land sehende Kirche, am Fuß das Sommerschloß, die Gärten und Markställe des Fürsten von Wallerstein, dessen großer Hofstaat, das Militair, die Musiker und die verheirateten Diener die meisten wohnbaren Häuser des Dorfs besetzt hatten, und wo sich auch für beständig ein adeliges Wöllmarthisches und Schottisches Haus, ein Schloßverwalter und Hofgärtner, ein Apotheker, ein Forstmeister, ein Revierförster befanden. Wie starrten meine Augen die Läufer mit silberbefranzten Schürzen, die Mohren, die riesenmäßigen Hunde an, wie rannten wir, wenn ein Ruf verkündete: der Fürst! der Fürst! sei zu sehen, ein großer Mann in meinen Augen schon deswegen, weil er meiner Meinung nach so schöne Spielsachen hatte; dann in den Gärten die Aloen, die so großen Disteln, die Pommeranzen, wie ich glaubte, bittere Aepfel, die gestutzten Alleen, der Hofnarr in Stein gehauen! Die Tochter des Hofgärtners, ein gebildetes, aber schon alterndes Mädchen, beschenkte mich mit Obst, mit Figuren von Porzellan, lehrte mich Rosen, Nelken, Stieglitze zeichnen. Im Zimmer pfiffen allzumal Gimpel, Staar, Drossel und Fink; und in der Ecke standen die Stöcke des Kunstgärtners – Himmel! mit welcherlei Köpfen von Pferden, Hunden, Mohren, Türken! In der Bildergallerie, die in der Mitte des Gartens war und immer offen stand, beschaute ich die Apostel und Patriarchen in ihren massivgoldenen Heiligenscheinen, Löwen, Bären, lachende und weinende Gesichter … Nichts aber, was ich seitdem jemals in der Welt gesehen, hat den Eindruck auf mich gemacht, als an dem Tage, wo der Fürst seine neue Gemahlin, eine Prinzeß Taxis, heimführte (4. Septbr. 1774), der in allen seinen Bogengängen, Lauben und Gebäuden mit flimmernden Lampen erleuchtete Garten – mir eine Zaubergrotte, ein Wald von lauter Christbäumen – und dann hinter dem aufgezogenen Vorhang des Marionetten-Theaters diese mir unbegreifliche Puppenwelt mit ihrem seltsamen Hüpfen, ihren Sprüngen, Boxen und Bücklingen. Von der übrigen Rede selbst faßte ich im Uebermaß meines Erstaunens nichts auf.

Später trat Lang als junger Mann in fürstlichen Dienst und schildert dabei höchst anschaulich die Zustände bei Hofe. Über eine lange Zeit hinweg sahen ja die großen wie die kleinen deutschen Potentaten den Hof Ludwigs XIV. in Paris als zwar unerreichbares, trotzdem aber nachahmenswertes Vorbild. Wenn das Geld nicht ausreichte, um entsprechend zu repräsentieren, wurden eben – wie ja auch das Beispiel der Fürstin Auguste Dorothea beweist – munter Schulden gemacht.

Jeden Morgen um 11 Uhr, wenn's glücklich ging, öfters auch um 2 Uhr, war Lever beim Fürsten, wo, sobald der Kammerdirector die Flügel des Schlafgemachs öffnete, Alles, was unterdessen stundenlang im Vorzimmer gewartet, hereintrat, der Marschall, der Stallmeister, der Leibarzt, wir Secretaire, die Hofjäger und andere anwesende Fremde. Jeder suchte, sobald ihn der Fürst, der jetzt unter den Händen seines Haarkräuslers saß, besonders anredete, welches immer mit schmeichelnden Worten, z. B. mein lieber Lang, geschah, etwas Munteres oder Neckhaftes vorzubringen. Sobald sich der Fürst vom Stuhl erhob und noch sonst an Einen oder den Andern kleine Weisungen ertheilte, entfernte sich jeder, der nicht zu bleiben besonders beordert wurde. Der Fürst begab sich dann meistens zu seiner Familie, eilte darauf in die Messe und gab dann Audienzen bis zur Tafelzeit, die höchst ungewiß, oft erst spät gegen Abend begann. Nach der Tafel machte er gewöhnlich einen Spazierritt auf eine Meierei oder ein Jagdhaus, gab dann zu Hause wieder eine oder mehrere einzelne

Bei der Toilette

Prinzessin vor dem Ausritt / Seite 20/21: Albertinischer Garten

✳

Audienzen oder auch sonst nur eine gesprächsweise Unterhaltung im Zimmer, mit irgend Einem, der bestellt war oder sich geschickt zu nähern wußte; ein Spiel oder Cercle, öfters auch Concert, das von keinem Höfling leicht versäumt werden durfte, und wo sich der Fürst bei den Anwesenden gleichfalls wieder Gespräch und Unterhaltung suchte. Die Nachttafel, nie vor Mitternacht anfangend, ging schnell vorüber, von der sich der Fürst einen der Gäste zurück auf sein Zimmer nahm, sofern er sich nicht mit denen begnügen wollte, die noch um 2 oder 3 Uhr Nachts in seinem Vorzimmer harrten. Nicht selten ging er an den armen Märtyrern vorüber, als sähe er sie nicht, fing an, in seinem Kabinet zu lesen und zu unterzeichnen oder durch die Hinterthür auf einen kühlen Spaziergang zu entwischen, oder in seinem Armstuhl einzuschlafen, welches uns im Vorzimmer nachzuthun auch erlaubt war. Ich sage uns, weil leider dieser Genuß nicht selten mich selber traf, sobald ich im Drange der Andern nicht mit vorkommen konnte, oder vom Fürsten, der jeden in der Geduld zu üben wußte, recht geflissentlich übersehen wurde. Es traf sich, daß, nachdem mich ein Läufer eiligst aus einer Abendgesellschaft abgerufen, ich noch früh um 4 Uhr im Vorzimmer wartend stand, bald seufzend, bald Schwänke erzählend, bald mit dem fürstlichen Pommer schäkernd, bald mit anderen Harrenden Stichbrand spielend, bald selber schlafend. Meldete dann der Kammerdiener dem Fürsten, der zu Bette steigen wollte: draußen wartet noch der Lang, so mußte ich schleunig hinein; da hieß ich der arme Lang, ich sollte doch sagen, warum er, der Fürst, mich hätte rufen lassen. Ich wußte es natürlich auch nicht, und wurde somit auf den andern Vormittag, wo es Sr. Durchlaucht schon wieder einfallen würde, aber ja bei guter Zeit, wieder bestellt.

Die kurz zugemessenen Stunden des Morgenschlafs verkürzten vollends noch eine andere Plage, das war der fürstliche Wille, etlichemal in der Woche immer Morgens Lection in sei-

ner Reitbahn zu nehmen, weil die jungen Leute des fürstlichen Gefolges auf Jagden und Reisen gut zu Pferde sein sollten. Ein rauher welscher Bereiter, als mein Lehrmeister, zwang mich und meinen armen türkischen Gaul zu mörderischen Sätzen und Sprüngen, während er, Himmel und Erde verfluchend, immer mit der Peitsche so darunter klatschte, daß mir, gewiß nicht unabsichtlich, alle Augenblicke die Schnurschlingen über die Schenkel fuhren, während mir, um mich nur auf dem Pferde zu halten, nichts übrig blieb, als Schmerz und Aerger zwischen den Zähnen zu verbeißen. Ging endlich nach tagelangem Harren auch mir der Glücksstern auf, der mich hinein ins Kabinet des Fürsten beschied, so gedieh es dagegen nicht selten, zur Verzweiflung der Außenstehenden, zu einer zwei- und dreistündigen Unterhaltung. Wir sprachen da von Europa, Asia, Afrika und Amerika, zuletzt auch vom Fürstenthum Wallerstein. Dabei war des Fürsten Art zu arbeiten diese, daß er alle an ihn eingehende Berichte, nachdem er sie geöffnet, neben seinem Schreibtisch so hoch aufschichtete, als er mit seinem Arm reichen konnte. Hatten aber die Geschäfte diese Höhe erreicht, so wurde beschlossen, den Stoß wieder kleiner zu machen. Im plaudernden Auf- und Abgehen zog also der Fürst bald oben, bald unten, bald aus der Mitte einen Bericht hervor, griff schnell den Gegenstand auf, erlauerte jede Gelegenheit, wo vielleicht gerade das Gegentheil von dem, worauf die Collegien angetragen, durchzusetzen möglich wäre, bemerkte dann mit einem Silberstift in wenigen treffenden Worten seinen Beschluß, und gab mir die Sache zum Expediren. In solcher Weise bekam ich gewöhnlich an die 30 Sachen mit nach Hause. Allein damit standen sie noch sehr im Weiten; denn so wie ich sie dem Fürsten beim Lever des nächsten oder des nachfolgenden Tages zurückbrachte, legte er auf der andern Seite seines Schreiblisches so lange einen neuen eben so großen Stoß von Concepten an, bis entweder eine längere Reise oder der Zug auf ein Sommerschloß

*

zu Abmachung der alten Reste trieb, oder die Maurer und Ta-
pezierer den Platz frei haben wollten. Dann ging es aber an ein
tumultuarisches Hinunterschleudern in die Kanzlei. Leider er-
wuchsen jedoch aus diesen schockweis an die Collegien fliegen-
den Kabinetsentschließungen beinahe wieder eben so viele neue
Drachenköpfe. Die Regierung nämlich, empfindlich darüber,
daß oft in den nöthigsten Sachen die Beschlüsse jahrelang aus-
blieben, glaubte den Fürsten sein Unrecht dadurch fühlen zu
lassen, daß sie endlich alle Monate, mit abschriftlicher Beilage
des ersten Berichts, in jeder einzelnen Angelegenheit eine neue
Erinnerung abgehen ließ. Dadurch machte sie aber die Sache
erst recht schlimm. Denn indem der Fürst diese Erinnerungsberichte ebenfalls auf den großen Stoß legte, so konnte es nicht
fehlen, daß, so wie er im Verfolg entweder den ersten Bericht
oder die späteren Erinnerungsberichte herauszog und auf jeden
derselben besonders resolvirte, am Ende in derselben Sache oft
fünf- und sechserlei verschiedene Entschließungen unter demselben Expeditionsdatum ankamen. Denn Protocolle oder Jour-
nale zur Controle seiner Entschließungen ließ er durchaus nicht
passiren. Die neuen Anfragen und Declarationsgesuche der
Collegien enthielten den Saamen zu eben so mannichfaltigen
neuen Beschlüssen. Manche Sache konnte auf diese Art schlechterdings zu gar keinem Ende gelangen. Ich weiß einen armen
Teufel, der viele Jahre lang im Kerker zu Harburg saß, weil die
Regierung nicht wußte, welches von den vorliegenden Urthei-
len sie an ihm sollte vollziehen lassen, ob als Dieb ihn hängen,
auspeitschen, ins Zuchthaus setzen, des Landes verweisen, oder
mit angerechneter Arreststrafe zu entlassen. Am Ende hat er
selbst den Gescheidtern gemacht und ist ausgebrochen.

Mehr als die Arbeit interessierte die fürstlichen Herrschaften und mit ihnen den ganzen, oft nur schmarotzen-
den Hofstaat das Vergnügen. In allen zeitgenössischen
Berichten wird deshalb von den verschiedenartigsten
höfischen Festen erzählt. Wir können uns durchaus vorstellen, daß im Park von Mon Plaisir, in dem gerade noch
die Gärtner arbeiten, zum Klange von Händels »Feuer-
werks-« oder »Wassermusik« ein Fest stattfindet, wie es in
ähnlicher Art die in Berlin erscheinende »Vossische Zeitung« 1749 vom Markgrafenhofe in Bayreuth beschreibt.

Wegen unsteter Witterung muste auch die sonst gewöhnliche
Kirchweyhlustbarkeit auf der Eremitage bis auf den 13. dieses
ausgesetzt bleiben. An ermeldetem Tage des Nachmittags um
4 Uhr fieng sich die Kirchweyhlustbarkeit mit folgendem Auf-
zuge aus Ihro Königl. Hoheit Landgute Monplaisir an. Voran
gingen 8 Schalmeyenpfeiffer, deren Instrumente mit Bändern
gezieret waren. Auf diese folgten 30 Bauerpursche zu Pferd,
Paar und Paar, mit hölzernen Lanzen versehen. Dann kam der,
so den aufgerichteten hohen Mayenbaum besteigen wolte, und
auf diesen wiederum 8 Schalmeyenpfeiffer mit 24 Paar Tänzern
und Tänzerinnen. Dieser Aufzug hielt an der nach der Eremitage gehenden Allee so lange, bis die Durchl. Herrschaft in Be-
gleitung der Cavaliers und Damen sich von der Eremitage unter die aufgeschlagene Zelter verfüget hatte, und marschirte so
dann auf den mit vielen tausend Menschen umgebenen und
zum Reiten und Laufen bestimmten Platz mit der Musik auf.
Als die Tänzer etliche mahl in der Ordnung um den Mayenbaum getanzet, wurde der Baum von einem Bauer aus Seublitz
auf das erste mahl bestiegen, und von selbigem der oben aufge-
hängte Beutel mit Geld nebst den seidenen Schnupftüchern und
Bändern erbeutet. Nach diesem wurde der Anfang mit Ringelrennen gemacht, und die Nahmen derjenigen, so selbiges getroffen, wegen der dazu aufgesetzten Gewinnste aufgeschrieben,
da übrigens diejenigen, so es verfehlten, durch das Anstossen
der Lanze aus einem über dem Ringe befindlichen und mit Was-

ser angefüllten Gefässe sich selbst begossen. Nach geendigtem Ringelrennen ritten die Bauern ohne Sattel nach der Gans, um selbiger den dem Oel geschmierten Kopf abzureissen, und den darauf gesetzten Gewinnst zu erlangen. Nachdem auf solche Art 6 Gänsen die Köpfe abgerissen waren, musten die Bauern absitzen, und allezeit ihrer 12 gegen einander nach einer aufgehangenen Gans laufen. Wie dieses zu Ende, liefen 24 Bauernmägde nach einer angekleideten hölzernen Jungfer, und suchten sowohl den Kranz als von den angenagelten Kleidern etwas und die darauf gesetzten Gewinnste zu erlangen; unter welcher Arbeit sie aber von dem unter dem hölzernen Bilde befindlichen Druckwerk, woraus mehr als 60 Röhren gingen, auf allen Seiten von Wasser besprützet wurden. So dann wurden in Ihro Hochfürstl. Durchl. Gegenwart 44 Bauerpursche und 30 Bauermägde die Gewinnste, denen übrigen aber Bier und Brod ausgetheilet, und darauf wieder um den Mayenbaum getanzet, und endlich der Hahn geschlagen. Als diese Lustbarkeit zu Ende, erhob sich die Durchl. Herrschaft gegen 8 Uhr nach der Eremitage zurück, und die Bauerpursche machten sich bey Tanzen und Trincken bis gegen den Morgen lustig.

In Mon Plaisir spielte auch eine angeworbene Theatertruppe, allerdings wohl mit einem etwas derben Spektakel, bei dem auch der berühmt-berüchtigte Hanswurst nicht fehlen durfte. Daß solches Theater bei der Hofgesellschaft nicht immer ungeteilte Zustimmung fand, erfahren wir von der jungen Wilhelmine, der Schwester Friedrichs des Großen.

Der König teilte uns mit, er habe eine deutsche Komödiantentruppe kommen lassen. Wir wohnten am selben Abend diesem schönen Schauspiel bei: es war zum Einschlafen. Es gefiel dem König aber so gut, daß er die Truppe engagierte. Wehe dem, der

sich den Vorstellungen ferne hielt. Sie dauerten vier Stunden lang, und man konnte sich nicht rühren noch etwas sagen, ohne sich Verweise zuzuziehen; dabei herrschte eine schreckliche Kälte, was meine Gesundheit sehr schädigte.

Manchmal begnügte man sich auch mit Liebhaberaufführungen, an denen die Hofgesellschaft nur zu gern mitwirkte, boten sie doch eine willkommene Abwechslung im meist langweiligen Alltag. Aus dem Arnstadt benachbarten Weimar, dessen Hof unter der Herzogin Anna Amalia und unter ihrem Sohn Carl August künstlerischen Veranstaltungen gegenüber sehr aufgeschlossen war, berichtet um 1776 der Kammerrat Karl Wilhelm von Lyncker:

Mittlerweile wurden auch Liebhaber-Theater errichtet. Die Schauspielgesellschaft sämtlicher Liebhaber bestand eigentlich aus drei Abteilungen. Die erste derselben wurde von Goethe, und was die Musik anlangte, von Siegmund Seckendorff dirigiert; die zweite, eine französische, von dem Grafen Putbus, und eine dritte von dem Legationsrat Bertuch. Das Theater war jedoch klein und in dem von dem Hofjäger Hauptmann neuerbauten Hause in der Esplanade befindlich, das jetzt dem Oberauditeur Schwabe gehört.

Den Anfang von Theatervorstellungen hatte Bertuch mit einem Kinderstück gemacht, ›der Hofmeister‹ genannt, wobei eine Hauptrolle der zu Berlin verstorbene Geheimerat Hufeland erhalten hatte. Mitspielende waren die zwei Fräulein v. Oertel (Diese waren zwar klein, aber in ihrer Art von ausgezeichneter Bildung), deren Mutter, Tochter des verstorbenen Geheimenrats Greiner, für eine der gelehrtesten Frauen gehalten wurde. Von Knaben waren außer ihrem Bruder der letztverstorbene Baron v. Stein und auch meine Wenigkeit dabei. Ein starker Donner-

schlag hemmte bei der ersten Aufführung den Fortgang mitten im Spiel, und unter vollem Regen fuhr die Herrschaft in das Fürstenhaus zurück; die kleinen Komödianten aber, welche zur Abendtafel geladen waren, liefen in ihren Theateranzügen auf öffentlicher Straße ebenfalls dahin. Wir saßen an einem besonderen Tische unter dem Vorsitze eines Hofkavaliers und erhielten nach geendigter Abendmahlzeit manches freundliche Wort von seiten der fürstlichen Personen …

Bald nach vorbenanntem Stücke wurde der ›Edelknabe‹ gegeben, wobei mir die Titelrolle zugeteilt ward. Rat Conta, Vater des jetzigen Präsidenten, gab die Rolle des Fürsten, Madame Benda, Kammerfrau der verwitweten Frau Herzogin, die der Mutter; der übrigen Personen erinnere ich mich jedoch nicht mehr genau. Die höchsten Herrschaften sahen den Vorstellungen von einer Estrade zu, und nach Vollendung derselben wurden die Spielenden gewöhnlich Denselben vorgestellt und ihnen etwas Befriedigendes gesagt. In dem vorbenannten Stücke erhält der Edelknabe von seiner Fürstin eine Uhr. Die regierende Herzogin hatte hierzu, weil es sich von einer mit Brillanten besetzten handelte, die ihrige hergeliehen, welche sie zum Brautgeschenk erhalten hatte; und als ich vom Theater kam, versprach sie mir eine andere zum Geschenk, nicht minder ein Freibillett auf die nächste Redoute, sowie die höchste Begünstigung, eine Menuett mit ihr tanzen zu dürfen, wie Dies denn auch zu seiner Zeit in Erfüllung ging.

Beim Betrachten der höfischen Puppengesellschaft in Mon Plaisir könnte man leicht glauben, es seien lauter Sonntagsszenen dargestellt, so vornehme und kostbare Kleidung tragen die kleinen Herrschaften. Das ist aber keineswegs so, denn solche Kleidung gehörte für die Herrschaften bei Hofe sozusagen zur Etikette. Vollends bei den zahlreichen Festen und Bällen artete der Kleider-luxus oft geradezu aus. Unser Gewährsmann und Augenzeuge Lyncker hat auch darüber so ausführlich geschrieben, daß man geradezu bedauert, wie bescheiden es doch letztlich in Mon Plaisir zugeht.

Bei Hofbällen waren Domino-Anzüge gebräuchlich, wie wir sie noch vor wenigen Jahren gesehen haben. Bei der Fußbekleidung sah man Schuhe mit roten Absätzen und runden Steinschnallen. Auf den Schultern lagen breite Haarbeutel, mit schwarzen breiten Bändern durchzogen, welche auf der Brust an dem sogenannten Jabot befestigt waren und postillons d'amour hießen. Die Damen trugen Reifröcke und über diesen buntseidne Roben. Bei den Kontratänzen mußten sich selbige auf eine höchst lächerliche Weise von der Seite durch die Kolonne schieben. Ihre Armbekleidung war mit offenen herunter hängenden Ärmeln versehen; auf den Schuhen mit sehr hohen Absätzen blitzten ebenfalls Steinschnallen.

Mit der größten Mühe und Beschwerde wurden bei Herren und Damen die Haarfrisuren zusammengerichtet, ja man kann wohl sagen: aufgebauet, um den Perücken, welche zum Teil schon aus der Mode gekommen waren, nichts nachzugeben. Hievon zeugen die Bilder aus jener Zeit. Die Vorbereitungen dazu nahmen den Abend vorher ihren Anfang, und da hohe Stirnen beliebt wurden, suchte man sie sich durch Herausrupfen der hereingewachsenen Haare zu verschaffen, was nicht ohne Schmerzen abgehen konnte. Mein seliger Vater ließ stets nach dem Abendessen die zum Locken bestimmten Haare mit sogenannten Papilloten ganz fest an den Kopf wickeln, und die weibliche Familie, welche seine Umgebung ausmachte, unterlag einer ähnlichen Behandlung, wodurch die Betreffenden nicht selten um einen Teil ihres nächtlichen Schlafs gebracht wurden. Hatte man aber diese Abendtortur vernachlässigt, so mußte das Brenneisen tags darauf die Vices der Haarwickel vertreten, und

Hoftheater

mußten mehrere Kohlenpfannen zu diesem Gebrauche beständig in Bereitschaft stehen. Waren nun die Damen mit dieser Toilette fertig, so wurde das sogenannte Rouge aufgelegt, wie es die Mode erheischte, auch wenn es den Wangen nicht an hinlänglicher Röte fehlte. Ja, es war Sitte, daß fast jede Dame mehrere Farbenbüchsen bei sich führte, um den durch Luft oder Wärme beraubten Gesichtsschmuck in offener Gesellschaft wieder zu ersetzen. Als eine besondere Gnade rühmte oft meine selige Mutter, wenn sie vom Hofe nach Hause kam, daß die gnädigste Herzogin ihre Farben mit eigener Hand aufgefrischt habe. Zuletzt kam es an die sogenannten Mouchen, und man studierte lange, ob man eine große oder kleinere, in welcher Zahl und auf welcher Stelle man sie auflegen wolle, um es im Sinne der geliebten Gebieterin zu tun.

Aber der zur Schau gestellte Luxus, die Vergnügungen oder die gemütliche Idylle dürfen nicht darüber hinwegtäuschen, daß es unter dieser glatten Oberfläche stets kriselte und knisterte. Allein schon die Titelsucht nahm oft extreme Ausmaße an, wie ein zeitgenössischer Beobachter mißbilligend feststellt:

Der kleine Adel und die eigentlichen Hofbedienten schleppen sich mit einer erbärmlichen Titelsucht. Ehe der jetzige Kurfürst hierherkam, wimmelte es hier von Exzellenzen, gnädigen und gestrengen Herren. Das Lächerliche der Titulatur fiel dem jetzigen Hof auf, weil sie zu Mannheim nicht üblich war. Es erschien eine Verordnung, welche deutlich bestimmte, wer Exzellenz, Euer Gnaden und Euer Gestrengen heißen sollte. Die, welche durch diese Verordnung entexzellenzt und entgnädigt wurden, und besonders die Weiber derselben wollten verzweifeln. Zum erstenmal hörte man hier über Tyrannei klagen, von der man zuvor gar keinen Begriff zu haben schien, und der Hof hätte den

gnädigen Herren ihr Brot, ihre bürgerliche Ehre und ihr Leben nehmen können, ohne sich diesen Vorwurf zuzuziehen.

Dabei betraf das nicht nur die Hofschranzen und Beamten, sondern auch die fürstlichen Herrschaften selbst, wie die Markgräfin Wilhelmine von Bayreuth in ihren Memoiren schildert:

In Pommersfelden kamen wir um fünf Uhr abends an. Der Bischof empfing uns vor der Treppe mit seinem ganzen Hofstaate. Nachdem wir uns begrüßt hatten, stellte er mir seine Schwägerin, die Gräfin Schönborn, und seine Nichte gleichen Namens vor, die die Äbtissin eines Domkapitels in Würzburg war. »Ich bitte Sie, Madame«, sagte er, »geruhen Sie dieselben ganz als Ihre Dienerinnen anzusehen; ich habe sie eigens kommen lassen, um die Honneurs bei mir zu machen.« Ich zeigte mich diesen Damen äußerst zuvorkommend und wurde dann vom Bischof in meine Gemächer geführt. Er ließ Stühle herbeirücken. Ich nahm in einem Lehnstuhl Platz, und wir wollten ein Gespräch anfangen, als die beiden Gräfinnen ins Zimmer traten. Ich war überrascht, meine Hofmeisterin nicht mit ihnen eintreten zu sehen, ließ aber keine Äußerung darüber fallen. Meine Toilette war sehr in Unordnung geraten; ich nahm dies zum Vorwand, um mich einen Augenblick zurückzuziehen. Der Bischof und seine Damen taten desgleichen.

Kaum war ich allein, als ich meine Damen holen ließ und meine Hofmeisterin fragte, warum sie mir nicht gefolgt wäre. »Weil ich mich keinen Beleidigungen aussetzen wollte«, sagte sie, »denn diese Gräfinnen haben mich wie einen Hund behandelt und kein Wort zu mir gesagt; sie sind mit großartiger Miene an mir vorübergegangen; und ohne einen der Herren des Hofes, der mir unbekannt ist, würde ich Ihre Gemächer gar nicht gefunden haben.« »Ich bin sehr froh, es zu wissen«, sagte ich ihr,

Gesellschaftsabend

In der Kirche

❋

»der Markgraf hat mir erlaubt, auf meinem Recht zu bestehen, und ich weiß bestimmt, daß meine Hofmeisterin höchstens den reichsunmittelbaren Gräfinnen den Vortritt zu lassen hat; sie sind das nicht und können ihn also in keiner Weise beanspruchen.«

Der Markgraf meinte, ich sollte mit Herrn von Voigt reden, der als mein Oberhofmeister – seiner Charge gemäß – das Wort für mich führen sollte und hierüber Beschwerde zu erheben habe. Ich ließ ihn rufen und erklärte ihm den Fall. Herr von Voigt war der größte Hasenfuß, den es auf Gottes Erdboden gab; er sah überall Schwierigkeiten und war immer von panischen Ängsten erfüllt. Er machte ein langes Gesicht. »Ew. Königliche Hoheit«, sagte er, »ermessen nicht die Tragweite des Befehls, den Sie mir erteilt haben; man ist hier zusammengekommen, um die Einigung der Mitglieder des Fränkischen Bundes zu erzielen; ist dies der Moment, um Händel zu führen? Der Bischof wird einen sehr herrischen Ton anschlagen; er wird sich verletzt fühlen, auf seinem Standpunkt beharren, und falls Sie den Ihren nicht aufgeben, wird sich das ganze Reich in den Streit hineingezogen sehen.« Ich lachte hell auf. »Das ganze Reich!« rief ich. »Nun, um so besser! Damen sind bisher in Reichshändel nie verwickelt gewesen, und es wird etwas ganz Neues sein.« Der Markgraf zuckte die Achseln und sah ihn verächtlich an. »Aber wie dem auch sei, ich bitte Sie, dem Bischof zu sagen«, fuhr ich fort, »daß ich die größte Achtung für ihn hege und deshalb mir nichts so unlieb sein könnte, als ihm Unannehmlichkeiten zu bereiten; er hätte sich aber vorsehen müssen, um jede Streitigkeit zu vermeiden; er muß die Vorrechte einer Königstochter kennen, da er lange in Wien gewesen ist; ich bin stolz darauf, die Gattin des Markgrafen zu sein, aber deshalb werde ich nicht das geringste von dem aufgeben, was mir zukommt.« Herr von Voigt erhob noch allerlei Bedenken, aber der Markgraf sagte ihm, er solle sich beeilen, es sei schon spät und höchste Zeit, dem

allen rasch ein Ende zu machen. Herr von Voigt sprach also in meinem Auftrag mit Herrn von Rotenhan, dem Oberstallmeister des Bischofs. Nach langem Hin- und Herreden wurde endlich der Beschluß gefaßt, daß sich die beiden Gräfinnen entfernen würden, sobald sie meine Schwester empfangen hätten.

Nach oben buckeln, nach unten treten – das war eine ungeschriebene Maxime vieler, wenn auch sicher nicht aller adligen Herrschaften. Vor allem schirmte man sich gegenüber den Bürgern ab. Der junge Goethe hat eine solche Szene in seinem Roman »Die Leiden des jungen Werther« dargestellt, die durchaus der Wirklichkeit entsprochen haben und sich bestimmt in ähnlicher Art gelegentlich auch in Mon Plaisir abgespielt haben dürfte. Als der Dichter die Episode 1774 niederschrieb, hat er wohl kaum daran gedacht, daß er selbst einmal in einer führenden Position dieser adligen Gesellschaft angehören würde.

Der Graf von C.. liebt mich, distinguiert mich, das ist bekannt, das habe ich dir schon hundertmal gesagt. Nun war ich gestern bei ihm zu Tafel, eben an dem Tage, da abends die noble Gesellschaft von Herren und Frauen bei ihm zusammenkommt, an die ich nie gedacht habe, auch mir nie aufgefallen ist, daß wir Subalternen nicht hineingehören. Gut. Ich speise bei dem Grafen, und nach Tische gehn wir in dem großen Saal auf und ab, ich rede mit ihm, mit dem Obristen B.., der dazu kommt, und so rückt die Stunde der Gesellschaft heran. Ich denke, Gott weiß, an nichts. Da tritt herein die übergnädige Dame von S.. mit ihrem Herrn Gemahl und wohl ausgebrüteten Gänslein Tochter mit der flachen Brust und niedlichem Schnürleibe, machen en passant ihre hergebrachten, hochadeligen Augen und Naslöcher, und wie mir die Nation von Herzen zuwider ist, wollte ich mich

❋

eben empfehlen und wartete nur, bis der Graf vom garstigen Gewäsche frei wäre, als meine Fräulein B.. hereintrat. Da mir das Herz immer ein bißchen aufgeht, wenn ich sie sehe, blieb ich eben, stellte mich hinter ihren Stuhl und bemerkte erst nach einiger Zeit, daß sie mit weniger Offenheit als sonst, mit einiger Verlegenheit mit mir redete. Das fiel mir auf. Ist sie auch wie all das Volk, dacht' ich, und war angestochen und wollte gehen, und doch blieb ich, weil ich sie gerne entschuldigt hätte und es nicht glaubte und noch ein gut Wort von ihr hoffte und – was du willst. Unterdessen füllte sich die Gesellschaft. Der Baron F.. mit der ganzen Garderobe von den Krönungszeiten Franz des Ersten her, der Hofrat R.., hier aber in qualitate Herr von R.. genannt, mit seiner tauben Frau etc., den übel fournierten J.. nicht zu vergessen, der die Lücken seiner altfränkischen Garderobe mit neumodischen Lappen ausflickt, das kommt zu Hauf, und ich rede mit einigen meiner Bekanntschaft, die alle sehr lakonisch sind. Ich dachte – und gab nur auf meine B.. acht. Ich merkte nicht, daß die Weiber am Ende des Saales sich in die Oh-

ren flüsterten, daß es auf die Männer zirkulierte, daß Frau von S.. mit dem Grafen redete (das alles hat mir Fräulein B.. nachher erzählt), bis endlich der Graf auf mich losging und mich in ein Fenster nahm. – »Sie wissen«, sagt' er, »unsere wunderbaren Verhältnisse; die Gesellschaft ist unzufrieden, merke ich, Sie hier zu sehn. Ich wollte nicht um alles« – »Ihro Exzellenz«, fiel ich ein, »ich bitte tausendmal um Verzeihung; ich hätte eher dran denken sollen, und ich weiß, Sie vergeben mir diese Inkonsequenz; ich wollte schon vorhin mich empfehlen. Ein böser Genius hat mich zurückgehalten.« setzte ich lächelnd hinzu, indem ich mich neige. –

Der Graf drückte meine Hände mit einer Empfindung, die alles sagte. Ich strich mich sacht aus der vornehmen Gesellschaft, ging, setzte mich in ein Kabriolett und fuhr nach M.., dort vom Hügel die Sonne untergehen zu sehen und dabei in meinem Homer den herrlichen Gesang zu lesen, wie Ulyß von dem trefflichen Schweinehirten bewirtet wird. Das war alles gut.

Im Porzellankabinett

Beim Mahle

Was ein Mann von Würde zu seinem Auskommen bedarf

Der bürgerliche Haushalt

Der Adel auf der einen, Bürger und Bauern auf der anderen Seite – so sieht man – grob – die ständische Ordnung bis zum Vorabend der Französischen Revolution. In einem Zahlenverhältnis ausgedrückt, bedeutet das etwa 1:3:6, wobei man mit solchen Angaben stets vorsichtig umgehen muß und nicht vergessen darf, daß die Grenzen zwischen Bürgern und Bauern recht fließend waren. Zwar lebte der größte Teil der Bevölkerung in dieser Zeit noch auf dem Lande, aber auch in den Städten gab es kleinbäuerliche Anwesen. Die Bürger gewannen im 18. Jahrhundert zunehmend an Ansehen und damit an Selbstbewußtsein, finanziell konnten sie mit vielen Adligen konkurrieren,

die außer ihrem Titel nur noch wenig besaßen. In Mon Plaisir sieht man nichts von Spannungen und Gegensätzen. Die Welt scheint hier noch ganz in Ordnung zu sein. Auch die sozialen Unterschiede unter der nichtadligen Bevölkerung sind kaum angedeutet.

Will man die Lebenswelt der Bürger näher kennenlernen, helfen die Heime der Puppenstadt nur wenig, aber dafür bieten Tagebuchaufzeichnungen, Erinnerungen, Briefe, Romane und selbst Kinderbücher guten Anschauungsunterricht. Zwei Texte mögen hier als Beispiel dienen. Da sind einmal die Tagebuchaufzeichnungen eines Augsburger Bürgers vom Mai 1715. Es muß schon ein recht wohlhabender Herr gewesen sein, der sich mehr um Unterhaltung und Vergnügen kümmerte als um die Arbeit. Nehmen wir zu seinen Gunsten an, sie sei ihm so selbstverständlich gewesen, daß er sie gar nicht im Tagebuch vermerkte, sondern dort – als guter Hausvater – lieber ganz genau die Ausgaben für seine Vergnügungen eintrug.

Den 1. Mai. Ich ließ heute nebst meinem Weibe zur Ader, weil das Wetter unvergleichlich schön war. Nach dem Essen gingen wir auf ein Glas Wein in die Froschlache, und blieben daselbst bis 4 Uhr. Die Zeche war 53 kr. Nach diesem machten wir einen Spaziergang um's Thor, und aßen zu Nacht. Es war noch lange Tag, und mein Weib klagte noch über Magendrücken, deswegen tranken wir noch ein Maas Wein auf dem Weberhaus, die Zeche war 30 kr. Summe 1 fl. 30 kr.

Den 2. Mai. Diesen Vormittag war nicht viel zu thun. Ich ging auf Meyers Kaffeehaus; mein Weib aber hatte sonst von ihren Nachbarinnen Besuch. Auf dem Kaffeehause gefiel mir's nicht: bezahlte daher 12 kr. und ging hinaus zum Prinzen. Daselbst traf ich verschiedene Bekannte an, blieb also bis gegen 12 Uhr sitzen, und verzehrte 19 kr. Nach dem Essen kommt eine Kutsche gefahren, welche vor meinem Hause stille hält; darin saßen mein Schwager mit seinem Weibe, welche mir, auf Anrathen meines Weibes, eine unverhoffte Freude machen wollten. Weil wir nun alle Aderläßer waren, mußte ich mich in den Possen schicken, und mich aufs Jägerhäuschen schleppen lassen. Aber beim Schlaffermost! hier hatte es ein anders Gesichte, als in den ordinären Bierhäusern, da man außer einer Wurst, oder höchstens einem Stücke Brätel und dergleichen Gattungen, sonst nichts beköm̃mt. Hier hingegen aber hieß es: Was befehlen meine Herren: Beliebts einen guten Fisch, Krebse, Kapaunen, Hechtlebern, Pfauenzungen? Was beliebt ihnen zu trinken:

Elsasser, Würzburger, Rhein- Mosel- Neckar; rother Schaffhauser; oder was für Wein sind meine Herren sonst zu trinken gewohnt? Beliebts Vin de Schiras, Vin de Grec, d'Alicante, de Madera, *die Herren befehlen nur. Ich bestellte aber nur etliche Hühnchen, und ein Glas Neckarwein. Allein ich sahe wohl, daß man hier um einen Kreuzer nicht viel gute Worte gab, deswegen ließ ichs gehen wie es wollte. Hierauf trug man auf, als wenn ich Hochzeit daselbst hielte. Die Weiber ließen sichs zwar trefflich schmecken, allein bei Zahlung der Zeche fiel die Freude in Brunnen. Jedoch mit 13 fl. 43 kr. war das ganze Wesen richtig gemacht, und konnten wir noch etliche Krebse mit nach Hause nehmen. Es ging andern auch nicht besser. Denn viele, die mehr Appetit, als Geld gehabt, mußten einstweilen ihre Uhr, Dose, oder endlich auch noch das mit Silber beschlagene Kirchenbuch dem Wirth in Verwahrung lassen. Einige brachten auch sogar mit Vorsatz Meubles dahin, um sich davor lustig zu machen. Daher sagte Crispinus zu seinem Weibe: O Käthe, wenn das Kopfenküssen schon so gut schmeckt, wie wird erst der Pfulgen schmecken! Ich kam also noch so mit einem blauen Auge davon. Denn 13 fl. 43 kr. ist eben noch so passable für Leute, die sich zur Ader gelassen, und mit der Kutsche kommen. Die Pferde fressen auch etwas, ohne was der Kutscher verzehrt, der wenigstens seinen Braten, und etwa ein Maas Wein haben muß. Ich kann bei dergleichen Gelegenheiten nicht lausen, besonders wenn ich sehe, daß sich Leute nicht schlecht finden lassen, die doch dieses Vergnügens wegen ihre besten Sachen versetzen, oder dem Wirth aufzuheben geben. Er hatte in Wahrheit soviel Meubles und Geräthe beisammen, daß er gar füglich einen Glückshafen damit hätte aufrichten können. Dieses wäre in der That ein glücklicher Einfall für ihn gewesen; denn da hätte er auf beiden Seiten gewonnen. Wer verloren, dessen Geld hätte er bereits gehabt; die Gewinner aber würden ihm ihren leicht erworbenen Gewinn von selbst wieder gebracht haben. Wenn ich*

Im Weinkeller / Folgende Doppelseite: Auf dem Markt

nun alle Ausgaben diesen Tag zusammennehme, so belaufen sich selbige auf 17 fl. 14 kr. Denn wenn man heim kömmt, will man auch wieder etwas haben, und da ist man erst recht hungrig und durstig.

Den 3. Mai. War Sonntag. Wir gingen in die Kirche, und nach derselben ums Thor, und dann aufs Bäckerhaus auf ein gut Glas Wein, weil man sich doch beim Aderlassen nicht genugsam in Acht nehmen kann. Die Zeche war 38 kr. Den Nachmittag fuhren wir auf Hausstetten. Wir wollten es zwar nur beim nächsten bewenden lassen, allein der Wirth kehrte sich an nichts, sondern er gab alles her, was er hatte. Wir verzehrten daher in aller Stille 9 fl. 56 kr. Denn außer uns war niemand sonderliches von mittlern Leuten daselbst. Wir fuhren gegen Abend wieder nach Hause, und war sowohl ich als mein Beutel dieses Schmausens überdrüßig. Die übrigen Extraausgaben für diesen Tag waren annoch 1 fl. 27 kr. Summa 12 fl. 1 kr.

Den 4. Mai. Extra für braun Bier 14 kr. 1 hl.

Den 5. Mai. pr. 3 Maas Bier, 2 Brod, eine Wurst 12 kr. 2 hl. Im Rumpelspiel verloren 27 kr. Summa 39 kr. 2 hl.

Den 6. Mai, pr. Arbeit nach Oberhausen verfertigt, und dafür eingenommen 5 fl. 11 kr. Weil ich auf den Mann, dem die Sachen gehörten, über eine Stunde warten mußte, verzehrte ich im Biere und Brod 11 kr. Und nach diesem, da ich die Zahlung empfangen, und der halbe Tag schon verdorben war, ging ich hinüber aufs Luginsland. Weil ich daselbst verschiedene Bekannte antraf, blieb ich sitzen bis Abends um zehn Uhr. Verzehrt 19 kr. 4 hl., auf dem Kegelplatz mit Pariren verspielt 1 fl. 9 kr. summa 1 fl. 39 kr. 4 hl. …

Den 10. Mai. War Sonntag Exaudi. Weil ich den Georgi-Hauszins noch nicht bezahlt hatte, that mir mein Herr Gevatter die große Gefälligkeit, und lehnte mir 36 fl. Ich zinste dahero nach dem Mittagessen. Mein Hausherr machte zwar saure Mienen über mein spätes Zinsen, und gab mir verdrüßliche Er-

mahnungen, dergleichen Leute aber haben gut schwatzen. Sie leben von ihren Renten, und wissen nicht, wie sich ein ehrlicher Mann bei diesen nahrlosen Zeiten mit saurer Arbeit behelfen und durchreißen muß. Weil nun eine Ehre die andere werth ist, machte ich des Nachmittags mit meinem Herrn Gevatter einen Spaziergang auf die sieben Tische, und von dar aufs Jägerhäuschen. Ich mußte schon etwas thun, denn dergleichen Freunde braucht man immer. Doch kam ich selbigen Tag noch so mit 3 fl. 59 kr. davon …

Den 17. Mai. Am heiligen Pfingstfest ging ich in meine Kirchen, und nach diesem auf den Abend zu einem Glase Wein. Verzehrt, mit dem Weibe, 57 kr.

Den 18. Mai. Hingegen gings heute recht Kauderwelsch zu. Denn Morgens um 5 Uhr gingen wir auf die sieben Tische spazieren. Mein Weib ließ Kaffee geben; ich aber trank braun Bier, weil selbiges nach dem Zeugniß derer Medicorum Morgens sehr gesund seyn solle. Allein bei dem Kegelschieben trank ich in Gedanken so viel, daß mir ganz schwindlicht wurde. Doch war ich gleichwohl überaus munter und aufgeräumt. Der Hammer nein! dachte ich, wie wirds erst den Nachmittag ablaufen; denn ich wußte wohl, daß, wenn ich Morgens schon einen Brand hatte, hernach der ganze Tag verloren war. Gegen Mittag gingen wir heim. Ich konnte es aber vor Durst nicht ausstehen, trank daher noch in der Stadt einen Krug weiß Bier. Alsdann gingen wir zu Tische. Meine Kinder und Gesinde hatten schon zu essen angefangen, weil sie glaubten, daß wir gar nicht nach Hause kommen würden, indem es bereits über ein Uhr war. Nach Tische legte ich mich eine Stunde aufs Bette, welches mich einigermaßen ermunterte. Hier überlegte ich, was den Nachmittag zu thun seyn möchte. Es schien, als wenn zwei Personen mit einander redeten, und sich wechselsweise widersprächen, da ich doch nur allein war. Ich hörte ganz deutlich, wie mich eine Stimme warnte, von meinen Wegen, welche nicht die sichersten

Tabakkollegium und Billardspiele

*

wären, abzugehen, und mich erinnerte, daß es in die Länge kein gut thun, sondern ein schlechtes Ende nehmen würde. Ich sollte meine Gesundheit, mein Weib und Kinder, die selbst verkürzte Nahrung, und andere davon abhangende Umstände in Betrachtung ziehen u.s.w. Allein eine andere Einblasung stellte mir diese Lebensart sehr geringe, und als eine erlaubte Ergötzlichkeit vor. Es hieß eine Bürgerlust; vermittelst welcher man den, die ganze Woche durch Arbeit ermüdeten Leib und Gemüthe wieder erquicken müßte. Ob ich nun schon die erste Stimme als eine Warnung des guten Geistes erkannte, so folgte doch mein Wille der letztern Einblasung, jedoch mit dem Vorsatze, die Freude zwar mit anzusehn, gleichwohl aber in Genießung und Theilnehmung derselben mich so viel möglich zu enthalten. Aber, o eitler Vorsatz! der sich nur auf falsche Vorurtheile gründet, und noch unter der Tyranney der Gewohnheit seufzet. Die Bande, die mich fesselten, waren zu stark, daß ich selbige hätte zerbrechen können. Ich ließ mich dahero abermals von dem Strome meiner Begierden dahinreißen. Ich ging auf das nahe gelegene Dorf Göggingen, um meine Schwermuth und Grillen zu vertreiben. Daselbst fand ich viele Bekannte, die sich recht wohl seyn ließen, und trefflich lustig machten. Anfangs war ich ganz sittsam, bis ich etliche Gläser Wein im Kopfe spürte. Man lud mich zu einem Spiele ein, welches ich zwar anfangs ausschlug, aber endlich doch mitmachte. In demselben verlor ich in kurzer Zeit 2 fl. 24 kr. Mittlerweile kam auch mein Weib, Kinder nebst einer Baase, die sich allem Ansehn nach auf meine Kosten lustig machen wollten. Hierauf war der Tisch gedeckt, und man besetzte denselben mit so viel Speisen, als ob wir in dreien Tagen nichts gegessen hätten. Endlich fingen wir auch an zu tanzen, und ich gelangte nach und nach wieder zu meiner vorigen Munterkeit, welcher, durch den unterstützten Rausch, die Ausgelassenheit folgte. Kurz! wir schmissen zuletzt die Gläser an die Wand, welche der Wirth fleißig mit in die Zeche schrieb. Wie ich

selbigen Tag nach Hause gekommen, weiß ich nicht, genug, daß mir mein Weib sagte, daß wir für unsern Part allein 6 fl. 59 kr. bezahlt hätten; denn mehr hatten wir nicht bei uns; dieses aber habe nicht klecken wollen, dahero wir unserer Compagnie noch 5 fl. 27 kr. gut thun müßten, als welche für uns einstweilen den Rest ausgeleget hätten. Dieses war also der Pfingstmontag, welcher mich wieder in allem 14 fl. 50 kr. gekostet. Der Wein und die Musikanten verderben die Sache. Doch ist es nur alle Jahr einmal Pfingstmontag …

Den 21. bis 23. Mai. Die drei letzten Tage ging es in der Arbeit haarscharf zu, denn ich war weit zurück gekommen, und man prässirte mich von allen Orten her. Extra pr. Bier, Frühstück 1 fl. 49 kr. …

Den 31. Mai. Des Morgens in die Kirche, den Nachmittag auf das Dorf Pferschen zum weißen Bier mit noch ein Paar guten Freunden, verzehrt 13 kr.

Summa Summarum des Monats Mai 60 fl. 57 kr. 6 hl.

Wie bescheiden nehmen sich daneben die Aufzeichnungen des sechsundzwanzigjährigen Theologieprofessors Johannes Salomo Semler aus dem Jahre 1751 über seine Brautwerbung in Coburg aus. Er war ein armer Teufel, der seiner Tischwirtin, einer verwitweten Frau Doktor, nicht einmal das Kostgeld regelmäßig zahlen konnte, ganz gern aber um deren Tochter geworben hätte. So schildert er, wie behutsam er dabei vorging:

Und nun schrieb ich zwei Briefe, einen an die Mutter, und an die Tochter den andern, in jenen eingeschlossen, worin ich meine Absicht, aber auch ebenso deutlich meine jetzige Lage entdeckte, mich auf ihre eigene Kenntnis und Beurteilung meiner Grundsätze berief und verließ. Mündlich konnte ich unmöglich so überlegt und klar vortragen, was zusammengehörte. Diesen

Im Raritätenkabinett / Die Fürstin läßt sich malen / Im Gelehrtenstübchen

Brief nahm ich mit mir, da ich abends zu Tische ging, und legte ihn in das gewöhnliche Gebetbuch der Mutter, das immer an seinem Orte lag, so daß der Brief ganz unfehlbar noch diesen Abend in ihre Hände kommen mußte. Ich ließ mir sonst nichts merken, ging aber doch etwas eher weg, als ich zeither immer tat, damit desto mehr Zeit zu dieser Entdeckung und ihrer Beurteilung übrigbleiben möchte. In dem Briefe an die Mutter hatte ich gebeten, wenn es ihr geradehin mißfällig wäre, was ich vortrüge, so möchte sie den Brief an die Tochter gar nicht aufbrechen lassen, sondern mir beide wieder zuschicken und alsdann die Sache meinem zu großen Zutrauen in ihre gute Denkungsart gefällig anrechnen. – Je einsamer ich mich zeither zu halten pflegte, desto tiefere Eindrücke hatten meine ängstlichen, ganz unsteten Wünsche in meiner Seele gemacht; mein Gemüt fing nun an, sich ernstlicher zu Gott zu erheben, in einer tiefen, gänzlichen Unterwerfung, um der Unruhe, die aus einzelnen Dingen und ihrem uns unkenntlichen Zusammenhange entsteht, mehr und mehr durch Vorstellung des Unendlichen los zu werden. Ich empfand das Wachstum meiner Gelassenheit und einer zufriedenen Einwilligung in alle Schickungen, die ich lange Zeit mir selbst zu verschaffen so vergeblich unternommen hatte.

Es vergingen drei Tage, in denen wir Hausgenossen einander ebenso begegneten, als wenn gar nichts unter uns vorgekommen wäre, worüber Antwort erwartet würde; und ich überredete mich schon, es sei eine gütige Schonung meiner Empfindlichkeit, daß mein Antrag geradezu in Stillschweigen begraben werden sollte, weil man mich der unangenehmen Aufklärung überheben wollte. Wie ich mir auch sonst den Vorwurf machen kann, immer gar zu wenig Gutes für mich gehofft zu haben. Den nächsten Sonntag, es war der 15. Junius des Jahres 1751, wie ich mittags von Tisch gehen wollte, bat mich die Frau Doktorin, diesen Nachmittag eine Tasse Kaffee bei ihr zu trinken. Noch hielt sie alle Mienen so richtig in Ordnung, daß ich nicht viel Vorteil-

haftes auch von dieser Einladung mir versprechen konnte. Die nächsten zwei Stunden brachte ich in freier Luft mit Spazierengehen zu, in einer sehr gefaßten Stellung meines Gemüts, in Wiederholung vieler schon vorübergeschwundener Vorstellungen und Wünsche, und in ziemlich großer Betrübnis über meine zunächst schon bevorstehende Reise, die mich nun weit genug von Saalfeld und Halle bringen mußte. Ich kam also nicht eben zu bald wieder zurück, und ging gerade in ihr Zimmer. Sogleich entdeckte ich eine so natürlich ausgedrückte beifallvolle Freundlichkeit in den Augen der Mutter, die mir entgegenkam, daß ich nun gar nicht mehr an dem Erfolge meines Antrags zweifelte, daß aber auch meine ehrerbietige Empfindung sich ebenso sichtbar an den Tag legte, als ich zu reden anfing. Die Gleichheit der Empfindungen, worin wir drei jetzt uns befanden, legte sich gleich kenntlich in unsere Augen, eine Art von Feierlichkeit entstand, alle drei wandten wir uns sogleich dankend zu Gott. Die Mutter legte mir nun die zwei Briefe vor, und fragte. ›Gestehen Sie, daß Sie dies geschrieben haben?‹ ›O ja‹, sagte ich und küßte ihr die Hand. Sie küßte mich lebhaft und versicherte mich der zufriedensten Genehmhaltung.

Ihre Tochter verlor sehr bald die bisherige Schüchternheit und schlug jetzt die Augen angenehm auf, weil sie wußte, daß es der Mutter nicht mißfiel, und sie ein Recht hatte, sich zu empfehlen. Wir hatten beide keine Romanen-Anleitung gehabt, sie hätte sonst nicht auf mich und die Erlaubnis der Mutter gewartet. eine für mich so schwere und so wichtige Sache fand also ihren leichten Gang, ohne daß ich irgendeinen andern Menschen oder die Künste oder Ränke, womit viele eine Braut berücken, zu Hilfe genommen hätte.

Es ist nicht nötig, daß ich es erzähle, was mein Gemüt für heiligen schamvollen Dank gegen Gott einschloß, wie sehr ich mich bemühte, diese innere Stille und Ruhe zu behalten bei dem nun entstehenden Gerede über diesen meinen Entschluß.

Musikalische Unterhaltung

Beim Friseur

Der Charakter meiner Braut war für mich gleichsam ausgesucht. Sie hatte eine angenehme Bildung, obgleich die Pocken, die sie schon sehr erwachsen ausgestanden hatte, das übrige Lob der Haut merklich zerstört hatten. Ihre Erziehung war teils unter den Augen der Großmutter und einer vortrefflichen Tante, teils von der Mutter neben ihrem Bruder, durch gehaltene Hauslehrer, besorgt worden. Nach dem Tode des Vaters hatte die Mutter sich und diese Tochter wohl etwas zu sehr in Eingezogenheit gehalten. Sie hatte aber desto mehr in jeder Geschicklichkeit, die ihrem Geschlechte wahre Vorzüge gibt, zugenommen; ihr Urteil war so richtig, daß es die Mutter gemeiniglich in häuslichen Einrichtungen ihrem eigenen vorzog. Sie schrieb einen gut ausgedrückten Brief, meist schön und gleich in Zügen, und mit sehr wenigen Fehlern gegen die Orthographie. Hierin übertraf sie alle ihre vielen Verwandten. Geldrechnung verstand sie viel besser als ihre Mutter, und hatte, da sie kaum fünfzehn Jahr alt war, bei langer Abwesenheit der Mutter, einzelne Einnahmen von mehr als 1800 Gulden so richtig berechnet, daß auch gar nichts daran fehlte. Über ihr bisheriges Eigentum aus der Erbschaft eines Onkels in Koburg, das 4000 Gulden und mehr betrug, führte sie schon einige Jahre her ihre eigene Rechnung. Sie hatte tanzen gelernt und trug sich sehr gut, liebte es aber nicht sonderlich; ihren Putz machte sie sich selbst, sogar vieles von der Kleidung. Nur wurde diese Belustigung an eigener Hände Arbeit von andern ihres Alters, die daran kein Vergnügen fanden, für eine Folge zu großer Genauigkeit angesehen.

Die Geldsorgen des jungen Herrn Semler lassen die Frage aufkommen, was die Bürger im 18. Jahrhundert zur Lebenshaltung benötigten. Eine Antwort wird selbstverständlich nur regional unterschiedliche Näherungswerte erbringen, so daß man die beiden folgenden Aufstellungen, die noch dazu zeitlich etwa achtzig Jahre auseinanderliegen, nicht miteinander vergleichen darf. Vielmehr kommt es auf die Gewichtung der Ausgaben innerhalb der jeweiligen Abrechnung und auf die damit verbundenen Erläuterungen an, da sie ein wichtiges Stück Kulturgeschichte spiegeln. Die erste stammt aus dem Jahre 1729. Der kurfürstlich-sächsische Sekretär Hanke richtete sie in Versform an August den Starken.

Großmächtigster Monarch! Dein Secretarius,
Der sich durchs gantze Jahr mit Ziffern plagen muß;
Ich rechne Tag und Nacht, und quäle mich mit Brüchen,
doch ist vom Monat noch die Helffte kaum verstrichen,
So ist der vierdte Theil von hundert schon verzehrt,
Da doch so Frau als Magd fast täglich Geld begehrt;
Wo nehm ich solches her, ich fürchte mich zu borgen,
Indessen soll ich doch das gantze Hauß versorgen.
Ich theile, wie ich will, drey hundert Thaler ein,
So will mein Tractament doch nicht zulänglich seyn.

	Thl.gr.
Für viertzig Thaler Holtz, damit ich nicht erfriere,	40.–
Zwey Thaler wöchentlich zu Covent, Wein u. Biere,	104.–
Für Butter, Fleisch u. Brod, für Grütze, Saltz u. Licht	
Setz ich vier Gulden an, sie reichen öffters nicht;	138.20
Ein Thaler wöchentlich nur an Gesindes Lohne,	12.–
Auf sechzig Thaler Zinß, damit ich sicher wohne;	60.–
Für Knaster, Spagniol, für Zucker und Thee bou,	
Peruquen, Wäscherlohn, für Hemde, Strümf u. Schuh,	33. 8
Vier Thaler dem Barbier, wo aber bleibt der Schneider,	4.–
Ich rechne monathlich zwey Thaler nur auf Kleider	24.–
Summa	415.28

In der Küche (Detail)

Doch leider! Dieses macht vier hundert Thaler aus,
Und dennoch hab ich noch nicht alles in dem Hauß,
Was kostet nicht die Frau? was kostet Band und Spitzen?
Was Adrianen, Schmuck, Pantoffel, Hauben, Mützen?
Was kost der Domino mit Spitzen ausgeziert,
Wann man sie Winters Zeit auf die Redoute führt?
Und wenn man Sommers Zeit in Stanckens Garten fähret,
So seynd sechs Groschen bald in Kuchen nur verzehret,
Wie offte muß man nicht allhier zur Hochzeit gehn?
Wie offte muß man auch nicht zu Gevattern stehn?
Und läst man offtermals den eignen Zuwachs tauffen,
So muß man alsobald mit Geld zur Kirchen lauffen;
Was kost der Kinder-Zeug, was kost der Ammen-Lohn
Stirbt aber etwan gar der liebe kleine Sohn,
So wird man nimmermehr das Kind umsonst begraben
Warum? die Kirche muß vorher das ihre haben.
Kurtz, alles kostet Geld, und eh ichs nicht gedacht,
Ist mir schon wiederum die Casse leer gemacht.
Wie können nun aufs Jahr dreyhundert Thaler reichen
Drum grosser König! laß dich meine Noth erreichen,
Setz hundert Thaler zu: dann krieg ich nur ein Blat,
Das deine Gnaden-Hand selbst unterzeichnet hat,
So ist mein Wunsch erhört: ich sterb in tiefen Dancke,
Mein König, Fürst und Herr

Dein Pflicht-verbundner Hanke

Man muß diese Klage schon genau lesen und sich nur einmal vorstellen, welche Antwort heute jemand bekäme,
wenn er seine Bitte um Gehaltserhöhung u. a. mit einem
Hinweis auf den Putz seiner Frau und sogar auf ihr Mas-
kenkostüm begründen würde! Dem Kurfürsten leuchtete
die Klage aber ganz offensichtlich ein, denn er verdop-
pelte daraufhin das Jahresgehalt seines Sekretärs. Die

zweite Aufstellung von Caroline Herder, der Gattin des
Dichters Johann Gottfried Herder, aus Weimar im Jahre
1807 reicht zwar bereits in die Zeit der Napoleonischen
Kriege, verdeutlicht aber die Bedürfnisse eines gehobenen
bürgerlichen Haushalts (den eines Hofbeamten).

Eine ohngefähre Berechnung:
was ein Mann von Würde jährlich zu seinem Auskommen in Wei-
mar bedarf, exklusive der Mittagstafel. N. B.: Da für Ihre Mittagsta-
fel bei Hof nun einmal gerechnet wird, so ist mein Rat. Sie lassen sich
die Tage, da Sie zu Hause speisen, das Essen von Hof holen, damit Sie
nicht dürfen für sich kochen lassen. Eine beträchtliche Ersparnis!

1. *Ein Logis von 6 Zimmern, jährl. Miete*
   ohne Möbles (Ich habe einen Mittelpreis
   angenommen; es kann weniger, aber auch
   mehr kosten, je nachdem gerade ein Logis
   vakant ist. Die Möbles müssen Sie sich
   anschaffen, oder mieten oder Sie erhalten
   von Hof unentgeltlich geliehen; wollen
   Sie letzteres nicht, so kann die Miete der
   Möbles jährlich auf 25 Thaler kommen.
   Da würde es vorteilhafter sein, sich solche
   anzuschaffen. Sie werden Betten, Bettlin-
   nen und Bettzeug selbst haben; ich setze
   also dafür nichts an.)   140 Thlr.
2. *Holz, für 2 Zimmer für Sie und Stube*
   für den Bedienten zu heizen. Man rechnet
   auf das Zimmer 3 Klaftern (wohl auch
   drüber); für

3 Piecen à	*3 Klafter*	
	= 9 Klafter	
für den Herd	*3 Klafter*	
Summa	*12 Klafter*	

Verkaufen von Rattenfallen

✳

12 Klafter zum Teil harte Scheite
à 8 Thaler mit Spälterlohn — 96 Thlr.

3. Ihr Kaffee oder Tee frühmorgens und um
11 Uhr ein Frühstück, etwa einige Gläser
süßen Wein und etwas dazu, beides Kaffee
und Frühstück à 8 gr. täglich tut jährlich — 122 Thlr.

4. Da sie 5 Tage in der Woche zu Hause
speisen, so will ich für diese 4 Mahlzeiten
nur eine halbe Bouteille Wein für jede
rechnen. Wöchentl. 2 Bouteillen à 20 gr.
jährlich — 86 Thlr. 16 gr.
(Vielleicht gibt man Ihnen den Wein von
Hof auch nach Hause und Sie würden
diese Ausgabe ersparen. Sie müssen aber
selbst daran erinnern.)

5. Da Ihr Abendessen in einer halben
Bouteille Wein, Brot und Kümmel
besteht, so rechne ich dafür jährlich
183 Bouteillen Wein à 20 gr. = — 152 Thlr. 12 gr.
(Ich habe den Wein etwas hoch angesetzt,
wenn Sie ihn aus Frankreich selbst
kommen lassen und bei sich einlegen, so
machen Sie eine beträchtliche Ersparnis.)

6. Brot für den Abendtisch und Mittagstisch
wenn Sie zu Hause speisen, jährlich — 12 Thlr.

7. Lichter täglich 2 Stück, monatl.
10 Pfrd. à 6 gr. tut jährlich — 30 Thlr.

8. Ihr Weißzeug zu waschen, jährlich — 30 Thlr.

9. Kleidung, Strümpfe, Schuh und was
ferner hiezu gehört jährlich — 200 Thlr.

10. An außerordentlichen Ausgaben, als:

Jährliche Trinkgelder bei Hof, den Bedienten und in der Küche, Postchaisen,
Almosen und Geschenke; Vergnügungen;
Klubs; Komödien; Fremdenbesuche etc.
jährlich — 400 Thlr.

11. Porto; Schreibmaterialien, Zeitungen
jährlich — 200 Thlr.

12. Was Ihr Bedienter und seine Frau kosten,
könnte man etwa auf folgende Berechnung bringen:

1. Ihr Bedienter war vielleicht gewohnt
von Ihrem Tisch zu speisen; Sie können
ihm daher für Mittag- und Abendtisch,
Brot und Bier, frühmorgends Kaffee,
nicht weniger Kostgeld geben als täglich 10–12 Groschen
tut monatlich 15 Thaler
jährlich — 180 Thlr.

2. Seiner Frau Kostgeld
täglich 8 gr. jährlich — 180 Thlr.

3. Lichter; Täglich ein Licht in des Bedienten Stube, und eins auf den Vorsaal
jährlich — 30 Thlr.

4. Seife zur Wäsche für den Bedienten und
seine Frau (die Frau wäscht die Wäsche
für sich und den Mann selbst)
jährlich — 6 Thlr.

5. Gehalt und Kleidung für den Bedienten
jährlich — 100 Thlr.

6. Gehalt seiner Frau jährlich — 30 Thlr.

1935 Thlr. 4 gr.

Herrschaftliche Kinderstube

Die Stadtthor bleiben nicht von Wachen unbestellet

Alltag in einer kleinen Stadt

Wie aber sah es in einem durchschnittlichen bürgerlichen Haushalt überhaupt aus? Mon Plaisir schildert zwar das Interieur des Hofes in vielen Einzelheiten, die Bürger aber werden nur gezeigt, wie sie ihren Beschäftigungen nachgehen – so mochte es sich nach Auffassung der Fürstin auch gehören. Wie es um 1700 in einem Bürgerhaus aussah oder zumindest aussehen sollte, überliefert das kleine Büchlein »Haushälterin« aus Nürnberg. Ihm ist die hübsche Beschreibung einer Schlafstube entnommen.

In die Schlafkammer gehöret das Ehebett samt einem Behalter zu dem alltäglichen weißen Zeug für Große und Kleine …, auch *pflegen viele ihre besten Sachen von Silbergeschmeide, Kleinodien etc. in einem gleichfalls hiezu gehörigen, wohlverschlossenen Schrank … in dieser Kammer zu verwahren, weil man solchen allhier stets vor Augen hat und er nicht so leicht eröffnet werden kann, als etwa in einem andern Zimmer, darein man selten zu kommen pfleget. Es gehört auch in diese Kammer ein kleines Arzneischränklein, damit man selbiges auf ereignenden Fall zur Hand haben und daraus, was der Zufall erfordert, hervorlangen möge. Zuvörderst aber soll auch ein Nachtstuhl vorhanden sein, sonderlich so das gewöhnliche Ort etwas weit davon entlegen und entfernet ist.*

Wir wollen hingegen sagen von den hölzernen Betten, als

welche dermalen am meisten im Gebrauch sind, selbige werden gar selten von gemeinem Holz gemacht …, sondern gemeiniglich von Eichen- und Nußbaum- oder von schwarzgebeiztem Holz, jezuweilen mit schönem Brasilien- oder auch wohl Ebenholz eingelegt, jezuweilen mit zierlichem Laub, Früchten, Festinen und Säulen oder wohl gar mit Bildern und anderm häufigen Schnitzwerk gezieret. Man findet auch kostbare Betten, so zwar nur von gemeinem Holz gemachet, aber mit stattlichem Gezeug überzogen sind, so mit den Tapezereien des Zimmers übereinkommen.

Die Ehe- und Sechswochenbetten sind mit einem auf artiggewundenen Säulen ruhenden Zelte versehen, so entweder mit rauher Leinwand überzogen und beides in- und auswendig zierlich gemalet, oder mit Taffet oder anderm Gezeug überkleidet und mit dergleichen Vorhängen umgeben. An den vier Ecken siehet man öfters gedrehete Spitzen oder Kugeln von Holz oder auch nach heidnischer und dem Altertum abgeborgter Art gemachte und mit zierlichen Federbüschen besteckte Blumentöpfe zur Zierde stehen. Sowohl an diesen, als an andern Galanterie- und Prangbetten sind die bis auf die Erde abhängenden Vorhänge unten an dem Saum herum an gewissen Orten mit Blei versehen und also eingerichtet, daß sie von der darinnen ruhenden Person mit einem einzigen Zug ringsherum ganz oder halb aufgezogen …, endlich aber wieder niedergelassen werden können, welches dann nicht nur sehr bequem, sondern auch gar wohl und zierlich in die Augen fället.

Allerorten werden die Betten nicht auf einerlei Art zugerichtet, sondern an den meisten Orten nur ein wenig auseinandergeteiltes Stroh unten in das Spannbett eingeleget, mit einer Matratze oder mit Watte, Baum- oder Scherwolle angefüllten oder abgenäheten Decke und diese wieder mit einem Leilachen überdecket, unter den Kopf ein Polster und Hauptkissen geleget und zur Oberdecke wiederum eine Matratze, mit einem übergeschlagenen Leilachen aufgebreitet. Hier zu Nürnberg aber und meisten Orten deutschen Landes wird das Stroh ordentlich und fest zusammengeheftet, in einen oder zween nach der Länge und Breite des Bettes abgemessenen und einer Spanne dicken zwilchene … Säcke eingefüllet und auf den Boden der Bettstatt geleget, ein oder auch wohl zwei gute angefüllte Unterbetten darauf gebettet, alsdann ein Leilachen eingebreitet, die Kopfkissen schön hoch aufgestellet und das Deckbette … aufgelegt. Diese letztere Art der Betten ist weit wärmer als die erste, auch viel linder und sänfter darauf zu ruhen, als auf jenen, wiewohl die Gewohnheit viel tut und diese Betten denen Fremden anfänglich fremd vorkommen, jedoch aber von einigen bald gewohnet und überaus sehr gelobet werden. Die Kranken bedienen sich bei uns leichterer und nicht so schwer angefüllter Deckbetten, auch sind viele gewohnet, zur heißen Sommerzeit die Deckbetten gar hinwegzulegen und an deren Statt sich mit einer Matratze oder zierlich abgenäheten Decke zu bedecken.

Wer den regen Betrieb auf dem Markt von Arnstadt vor der Posthalterei in der Darstellung von Mon Plaisir betrachtet, könnte annehmen, es handle sich um eine Szene aus einer großen Stadt. Aber man sollte sich nicht täuschen lassen. Arnstadt hatte um die Mitte des 18. Jahrhunderts rund 4000 Einwohner. Damit zählte es in Deutschland bereits zu den »Mittelstädten« mit Einwohnern zwischen 2 und 10 000. Deren Zahl war gar nicht so groß. In der Mark Brandenburg und in Pommern gab es beispielsweise um 1740 zwar schon achtzig Städte bis zu 4000 Einwohnern, aber nur acht zwischen 4 und 10 000 und sogar nur zwei mit mehr. Die nächste »Großstadt« in der Umgebung von Arnstadt war Erfurt, das 1723 etwa 17 000 Einwohner zählte. Es ging in Wirklichkeit also wohl etwas gemütlicher zu, als uns der hektische Betrieb in der

Schlafzimmer einer Zofe

Puppenstube weismachen möchte. Dabei galt Arnstadt doch schon als respektable Residenz. Wie es in einer durchschnittlichen Kleinstadt im ersten Drittel des 18. Jahrhunderts zuging, also zur Zeit der Zusammenstellung von Mon Plaisir, zeigt der Pfarrer Diez aus Leipheim, halbwegs zwischen Günzburg und Ulm, der eine Reimchronik seiner Heimatgemeinde verfaßte.

Die ganze Stadtgemeinde zählt 1500 Seelen,
Wovon man unbesorgt nicht eine betteln sieht,
Es darf der Hunger hier kein Bürgerkinde quälen,
Weil man mit Rath und That zu helfen ist bemüht.

Drei Schulen sind in Flor und kann um etlich Groschen
Ein jeder Christ sein Kind in Gottesfurcht und Ehr'
Befördern, zu dem Zweck so ist auch nicht erloschen
die Liebe so dies Geld für Arme liefert her.

Vor Alters war der Markt St. Viti weit gepriesen,
Die Woll und andre Waar gieng fuderweis' herein,
Nachdeme ward auf Ulm der Jahrmarkt angewiesen,
Dagegen zweimal hier alljährlich Märkte fein.

Die Nahrung ist bei uns in einem solchen Stande
Daß wer nur fleißig ist, Gott fürcht't und sparen wird,
An diesem Ort sich nährt als kaum in einem Lande,
Denn spricht man: wen Gott liebt, wird nach Leipheim geführt.

Das Feld ist also gut, daß es in dreien Jahren
Wohl viermal Früchte trägt und wird doch leicht gebaut,
Man wird kaum einen Mann so arm er ist erfahren,
Dem nicht zum wenigsten ein Herrengut vertraut.

Die Viehzucht ist so stark, daß siebenhundert Rinder
Auf unsre Rieder gehn, wie denn auch Jedermann

Gras, Heu und Kraut genug einsammelt und nicht minder
Saurkraut und Schweinefleisch nach Wunsch verzehren kann.

Der starke Hopfenbau mit seinen schlanken Reben,
Der unser **Leipheim** *rings umstecket und beziert,*
Kann auf geringe Müh die reichste Ausbeut geben,
Wovon man in die Fremd viel hundert Centner führt.

Er giebet Geist und Kraft dem alten deutschen Biere,
Wodurch sie groß und stark und tapfer worden sind,
Der Wein ist nur ein Gast im deutschen Lands Reviere,
Dagegen ist das Bier ein echtes Landeskind.

Der Flachs wächst mehr als sonst in unsrer lockern Erde,
Er kleid't uns und die Welt in gute Leinwand ein,
Die hier wird zubereit't mit aller Zubehörde,
Daß Häuser und Gewerb' damit beschlagen sein.

Von Herren wissen wir zwar nicht gar viel zu sagen,
Es nähret Jeder sich von der Profession,
Die ihme sein Beruf und Ordnung aufgetragen
Und dieser Herrenstand hat vor Gott Ehr' und Ruhm

Der Leineweber sind bei dreißig über hundert,
Die sämmtlich Meister sind und wirken Kaufmanns Stück,
Fast durch das ganze Jahr und wessen man sich wundert,
sie ziehen baares Geld allwöchentlich zurück.

Zwei Wein-, sechs Bierwirth sind das ganze Jahr versehen,
Zween Bader kunstbelobt, drei Fischer wohlgeübt,
Neun Schuster stets parat und sieben Bäcker stehen
Mit gutem Brod zu Dienst, drei Schreiner sind beliebt.

Beim Weber

In Nutz und Kunstbarkeit, die auch die Fremde kennen.
Zwölf Metzger schlachten hie was uns am besten
schmeckt.
Der Krämer könnte ich auch etliche dir nennen,
Mit Maurer, Zimmerleut sind wir gar wohl bedeckt.

Ein Glaser dienet uns, zween Sattler und ein Gerber,
Vom Ackerbau ernährt sich mancher wohl allein,
Ein Huter und dazu fünf Schneider und ein Färber,
Wie denn zween Hafner auch und zween Oelmüller sein.

Ein Silber-Künstler der mit seiner Kunst und Stücken
Uns weit und breit berühmter Juwelier,
Ein Zoller, ein Stadtbot, Spielleut die uns erquicken
Mit Geigen und Hautbois; auch Pfeifen macht man hier.

Ein Groß-Almosenier, ein Forst- und Holzverwalter
Und ein geschworner Mann, ein Kunst-Geometra,
Vier Wächter bei der Nacht, Garnsieder, Wegerhalter,
Zween Todtengräber sind nebst zwei Hebammen da.

Drei Schlosser und drei Schmid, zwei Nagelschmid, zwei
Binder,
Vier Wagner und hienebst zween Müller, dann zuletzt
Ein Dreher und am Feld ein Ziegler und ein Schinder,
So sind wir jedenfalls mit allem wohl besetzt.

Die Stadtthor bleiben nicht von Wachen unbestellet,
Weil man sich annoch stets von alten Zeiten her
Erinnert daß man oft den Feind zurückgeprellet
Indem er wohl erfuhr die tapfre Gegenwehr …

Leipheim hatte damals rund 1500 Einwohner, also knapp halb soviel wie Arnstadt, trotzdem gab es dort drei Schulen, acht Wirte, zwölf Metzger und sieben Bäcker. Konkurrenz erwuchs den ansässigen Handwerkern und Händlern in den Städten eigentlich nur an den regelmäßigen Markttagen, wenn die Bauern aus den umliegenden Dörfern ihre Waren feilboten. Unter die einheimischen Handwerker und die Bauern mischen sich in Mon Plaisir an den Markttagen auch umherziehende Hausierer – wie etwa der »Königseer Balsamträger« oder »Olitätenhändler« aus dem Thüringer Wald, der Kräuter, Essenzen, aber auch Kleinkram wie Spiegel, Kämme und dergleichen verkaufte. Wer genau hinschaut, findet auf der Marktszene sogar einen Buch- und Kunsthändler, der aus seinem Bauchladen Kupferstiche und sicher auch Kalender und Volksbücher feilbietet. Ein »Slowake«, wie ihn der Volksmund nennt, obgleich er gar nicht aus dem fernen Ungarn kommen mußte, handelt mit Ratten- und Mäusefallen, ist aber sicher auch als Rastelbinder tätig und umgibt gesprungene Töpfe und Schüsseln zur besseren Haltbarkeit mit Drahtgeflecht. Der Scherenschleifer hat sein Schleifrad bereitgestellt, sogar Schausteller sind mit einer Puppenbühne anwesend, nicht zu vergessen den Herrn Wunderdoktor in seinem grünen Röckchen und mit einem gewaltigen Stab. Was so ein Herr dem staunenden Publikum und den möglichen Patienten zu bieten hatte, hören wir aus dem Angebot eines wandernden Arztes von 1791, der – im Gegensatz zu manchem anderen Wunderheiler dieser Zeit – den Mund dabei gar nicht zu voll nimmt.

Hochgeneigte Gönner!
Da ich schon mehrmalen in öffentlichen Zeitungsblättern gelesen, daß verschiedene Aerzte sich die Mühe genommen, aus England, Frankreich und andern entferntesten Gegenden der Welt in unser Vaterland zu kommen und die Früchte ihrer erlernten Wissenschaften in Betreff der Heilungskunst auch

In der Apotheke

Im Kloster

✳

auswärtigen Nationen mitzutheilen, so hat dieses erhabene und menschenfreundliche Bestreben in mir den Gedanken zur Nachahmung erwecket, und destoweniger fand ich einen Anstand, solchen auszuführen, da ich keineswegs von dem unflätigen Haufen der vom irrenden Aberwitz ausgebrüteten medicinischen Pfuscher entsprosen bin, sondern ich hoffe vielmehr, meine vieljährige Bemühungen denen Kranken zum Nutzen und (welches wohl zu merken) unter leichtem Preiße anzubieten. Bin ich nun am Ende meiner Tage so glücklich, zu mir sagen zu können, du hast nicht nur deinem Vaterlande, sondern auch auswärtigen Völkern einige Bürger erhalten, so ist mein ganzer Wunsch erfüllt.

Anbey habe ich eine kleine Anmerkung wegen des so allgemeinen, aber auch trüglichen Urinschauens beybringen wollen. Es ist bekannt, daß es fast aller Orten gebräuchlich geworden ist, daß der Arzt aus dem Urin das Alter, das Geschlecht, die Krankheit, deren nächste und entfernte Ursache, den glücklichen oder unglücklichen Ausgang des Uebels bestimmen sollte, und dieses ist meines Erachtens zu viel begehrt, dann wahrsagen und prophezeyen ist nie das Thun eines rechtschaffenen Arztes.

Daß aber die regelmäßige Kenntniß des Urins dem darinnen wohl bewanderten Arzt viel Licht gebe, die Zu- und Abnahme der Krankheit zu erkennen, auch manchmal den Spiegel vorlege, worinnen er die Abweichungen von dem natürlichen Zustande einsieht, die kritischen Bemühungen und Absätze wahrnimmt und nicht selten den wirklichen Zustand des Kranken vor Augen leget, bedarf keiner weitläuftigen Beweise, da Hippokrates, Galenus, van Swieten, Boerhaave, Sydenham, de Gorter, de Mezs etc. hierinnfalls für mich das Wort sprechen. Wollen Sie nun also aus redlicher Gesinnung und aus Liebe zu ihrer Gesundheit Ihren Urin oder Wasser mir zuschicken, so werde ich Ihnen die Umstände, so viel als es möglich, daraus entdecken, und vielleicht mehr, als sie von mir denken und erwarten

werden, nach Besichtigung desselben ihre Krankheit aufklären können. Welche nun an äußerlichen Umständen leiden, die ohnehin aus dem Urin nicht zu erkennen sind, als: Augen, Ohren, offene Schäden, Leibschäden beyderley Geschlechts, verschiedene Rauden und Ausschläge, wie auch Erbgrind, Kröpfe, Wind- und Sodhälse, Zahnschmerzen, Scharbock und Mundfäule, Bluten des Zahnfleisches und noch andere mehr, selbige belieben sich bey mir zu melden, welchen ich nach Besichtigung des Urins und, wo es durch dessen Beyhülfe nicht seyn kann, nach genauer Untersuchung der Umstände, aufrichtig sagen werde, ob zu helfen sey oder nicht.

Nun folgen einige Stücke, die ich auszutheilen pflege. Erstlich (1) führe ich bey mir eine gewisse Nachtlaxier, welche in 7 Pillen besteht; sie wird nicht wie andere mit Suppen oder Thee eingenommen, sondern zu Nacht vor dem Schlafengehen in einem Löffel voll Wein oder Bier; man kan beydes nach Belieben nachtrinken; dann fängt es an, morgens ganz gelinde zu laxiren; eine erwachsene Person, die schwacher Natur ist, nimmt zu Nacht nur 5 oder 6 Pillen; ein Kind von 2 Jahren nimmt 2, von 3 oder 4 Jahren nimmt 3 und so weiters. Diese Laxier führet ab alle Unreinigkeiten des Magens und der Gedärme, benimmt die verlegene Gall und Schleim, bringt den Appetit wieder und schaffet alle todte und lebendige Würmer samt dem Wurmstock aus dem Leibe, sowohl bey Kindern als Erwachsenen. Schwind- und Dürrsüchtigen, Blutspeienden, Schwangern und denen, die eine Entzündung des Magens, der Gedärme oder benachbarten Ingeweiden haben, sind meine wie andere Laxanzen verbotten.

2. Ein Präservativ für Personen, die einen schwachen Magen, Wind und Blähung haben, für Grimmen, Kolicschmerzen des Leibes, Dissentrie oder weiße und rothe Ruhr, Durchlauf, in allen ansteckenden Seuchen und giftigen Nebeln nichts zu ererben, alle Morgen und Abend ein wenig eingenommen. Das Loth kostet 6 Batzen.

3. Führe ich ein Remedium, alls 2-, 3- und 4tägige Fieber in Kurzem zu vertreiben.

4. Habe ich ein Präservativ für alle rothe, trübe und brennende Augen, wie auch für die Schwäche derselben.

5. Ein sicheres Präservativ vor Schlagflüsse, Hauptschmerzen, Schwindel und schwaches Gedächtniß.

6. Führe ich bey mir eine Composition der vortreflichsten Kräuter. Es können sich solcher Gesunde und Kranke als einer Blutsreinigung bedienen und wie andern Thee trinken; sie reinigen und verdünnern das Geblüt, lösen den Schleim von der Brust ab, befördern die Ausdünstung, heben die Verstopfung der Bauch-Ingeweyden, vertreiben die Melancholie oder Schwermuth.

7. Verfertige ich den so berühmten, als in seiner Wirkung unverbesserlichen Englischen Balsam. Es zeichnet sich dieses vortrefliche Stück aus in Contracturen und Lähmung der Glieder, in Gicht an Armen und Beinen, in Reissen der Glieder, in Hüftwehe und Schmerzen der Lenden, in dem Ausschlag und Erbgrind, in gehauenen, gestochenen und gebrandten Wunden ist er unverbesserlich. Das Pfund kostet 10 Gulden.

8. Recommendire ich mich auch allen denjenigen, so mit dem Bändel- oder Nestelwurm behaftet sind; ja ich offerire mich solchen Personen, daß sie nicht eher bezahlen, bis derselbe radicaliter samt dem Kopfe abgeführt ist.

Wir wollen hoffen, daß der grünberockte Doktor in Mon Plaisir ähnlich bescheiden war, und wenden uns zum Marktplatz, wo vor dem »Kayserlichen Post-Hauß« reger Betrieb herrscht. Arnstadt lag etwas südlich des großen Verkehrsweges von Frankfurt durch Mitteldeutschland nach Berlin, der allgemein auch als »des Reiches Straße« bezeichnet wird. Der Postverkehr war schon zu Ende des 16. Jahrhunderts eingerichtet worden, jedoch begann der Personenverkehr erst nach dem Dreißigjährigen Krieg richtig zu florieren. Die Kutschen in Mon Plaisir fuhren nur bis zur nächsten Poststation. Wer weiterreisen wollte, mußte dort den Wagen wechseln, denn durchgehende Postkutschen kamen erst Ende des 18. Jahrhunderts auf. Bequem war eine solche Reise in der holprigen Postkutsche und auf den im allgemeinen schlechten Straßen nicht, und entsprechend zahlreich waren auch die Klagen, wie beispielsweise die aus dem Jahre 1784:

Der Weg ist 12 Stund und doch nur eine Station. Früh um 9 Uhr kam der Wagen von Helmstädt in Magdeburg an – die Pferde ruhten aus. Um 4 Uhr, hieß es, präzis sollte die Post wieder abgehen. Ich fand mich gegen 4 Uhr zu Haus ein, mußte aber bis 6 warten, bis wir wirklich abfuhren. Ein sehr hoher Wagen, über 6 Schuh, wo man einsteigt; wir brauchten eine Leiter, hinaufzukommen. Wie ich ihn sah, dachte ich gleich, nun wenn der umfällt, so ist's ein weiter Sprung bis herunter in den mütterlichen Schoß der Erde. Er war hinten und in der Mitte bedeckt; der vordere Teil war ganz frei. Mit mir stieg eine Frau mit einem kleinen Kind, erst ¹⁄₄ Jahr alt, ein . . . .

Wir fuhren ganz ruhig fort, freilich langsam, der Wagen selbst war sehr schwer, überdies stark beladen, und nur 4 schlechte Pferde. Es taute noch immer auf, die Luft war also warm, doch ging dabei ein so starker Wind, daß es auf dem Boden gleich wieder zugefror und also viel Glatteis wurde. Da wir fast eine Stunde gefahren, schlief der Postillon ein, die Pferde waren vermutlich blind, liefen etwas links, doch noch im Weg, der aber da abhängig war; der hintere Wagen glitschte aus – es war ein Rain, gegen 3 Schuh tief hinab. Ich fühlte es gleich, denn ich saß hinten, sprang hervor in den offenen Wagen, schrie dem Postillon zu, er solle halten, wollte gleich rechts aussteigen, aber noch ehe ich konnte, zog der hintere Wagen den

Hühner auf dem Bauernhof

Bürgerliche Küche

✳

vorderen nach, und in einem Augenblick lag alles unten im Loch. Im Fallen hielt ich mich oben an der Decke. Wie der Wagen bald zu Boden war, sprang ich heraus und kam ganz frei auf meine Füße zu stehen, ohne die geringste Erschütterung oder Unglück zu haben. Die Pferde blieben noch oben stehen, aber der Wagen war ganz umgekehrt, so daß die Räder gen Himmel gekehrt waren. Im Augenblick fiel mir die arme Frau bei; ich rief ihr zu, sie gab mir gleich durch ein Geschrei Antwort. Ihr Kind fing auch an zu weinen. Ich kroch in den Wagen hinein, sie war ganz herumgekugelt und lag jetzt unten. Ich nahm ihr das Kind ab, sie kroch dann selbst heraus. Alle Kisten und Päcke lagen da auf dem freien Feld, zum Teil einige Schritte weggeschleudert, denn es waren keine angebunden. Welch ein großes Glück, daß keine die Frau oder mich getroffen! Wir dankten Gott für seine über uns wachende Vorsehung, fühlten unser Leben gleichsam aufs neue aus seinen Händen zu erhalten, da es ein kleiner Zufall, eine andere Richtungslinie einer Kiste im Fallen uns so leicht hätte rauben können …

Einen reizvollen Bericht über eine längere Reise mit der Postkutsche bietet der Roman »Sophies Reise von Memel nach Sachsen« von Johann Timoteus Hermes, der 1770–72 erschien und dazumal gern und viel gelesen wurde. Ihm ist die nachfolgende Schilderung entnommen.

In Prökolz stieg eine Frau aus Memel auf die Post. Sie ließ sich mit einem Geistlichen (wenigstens glaube ich, daß es ein Geistlicher ist, obgleich ich ihn bisher für einen Arzt gehalten hatte) in ein Gespräch ein, in dem sie so christlich redete, daß ich mich wunderte, eine Person, die einer solchen Erkenntnis und Glaubensfreudigkeit sich rühmen konnte, bisher nicht gekannt zu haben. Sie bestrafte den Geistlichen und mich, wenn wir bei der Gefahr umzuwerfen ein wenig ängstlich waren. Man müsse,

sagte sie, seiner Sache gewiß sein; die Furcht sei allemal ein Zeichen eines knechtischen Gemüts. Der Geistliche hörte bald auf mit ihr zu sprechen und hatte mit einem Juden, der hinten im Wagen saß, und den unsre Gefährtin bekehren wollte, über die neuere Geschichte dieses Volks eine Unterredung, in der ich viel lernte, und über welcher jene sanft einschlief. Gegen den Abend kam das erschreckliche Ungewitter, das auch Sie, meine treue Mutter, sehr bekümmert haben mag. Unsre Reisegefährtin erwachte und bezeigte, je mehr das Wetter über uns kam, eine beinah heidnische Furcht. Ich glaubte, der Geistliche würde hier seiner Zeit wahrnehmen, aber er schwieg. Ich konnte nicht schweigen; ich fragte sie, wo denn jetzt ihr Vertrauen auf Gott wäre? Aber sie gab mir zur Antwort: Es sei frech, eine solche Empörung der Natur, die ohne Zweifel ein Werk des Satans wäre, nicht zu fürchten. »Jude«, sagte sie hierauf, »fürchtest du dich denn nicht vor dem Donnerwetter?« – »Ich fercht mir vor Gott«, antwortete der Jude; und ich gestehe, daß mir das ungemein gefiel. Der Geistliche bat hierauf, daß wir singen möchten, und schlug das Lied vor »Wunderbarer König usw.«, sagte mir aber leise, daß wir, um dem Juden keinen Anstoß zu geben, den letzten Vers weglassen wollten. Wir sangen, und – sollten Sie es glauben, der Jude konnte seine Tränen nicht halten. Gegen den Morgen verrichtete er sein Gebet mit gewiß nicht verstellter Andacht, und unsre Christin sprach kein Wort mehr. – Wie geht es mir so nahe, solche Bekenner unsrer Religion zu sehen, die der guten Sache so nachteilig sind! In einem verwüsteten Dorf sprach eine Frau, die von Husaren unbarmherzig zerschlagen war, uns um ein Almosen an. Unsre Gefährtin gab ihr nichts und sagte trocken: »Das kommt davon her, wenn ihr Leute euch der Schickung Gottes widersetzen wollt und gegen die Feinde nicht liebreich seid.« Die Frau empfing mit Tränen, was wir ihr gaben; der Jude ließ nicht sehen, was er ihr reichte; aber indem der Wagen fortfuhr und der Jude sich wieder setzte, hob sie mit

In der Wäschekammer

rührenden Gebärden die Hand in die Höhe und zeigte mir ein Goldstück. Die Christin ward feuerrot und sagte: »Wer weiß, welchem Christen der Schelm das gestohlen hat.« Wie lieblos und beleidigend ist das!

Aber diese böse Frau ward bestraft. In einem Dorf, wo wir bald darauf eintrafen, ließ sie (denn sie scheint eines Handelsmanns Frau zu sein) einige mit Hanf beladne Wagen abpacken. Die beiden Arbeitsleute, die sie gebraucht hatte, foderten jeder zwei Schustak. »Mein Gott«, sagte sie, »seid ihr Christen? Mich so heidnisch zu übersetzen? Oder wenn ihr euch auch der Sünde nicht scheuet, so solltet ihr euch der Schande fürchten!« Sie sagte noch viel mehr, bis der eine sie unterbrach: »O Frau«, sagte er, »Sie wissen nicht, was das heißt, fünf hülflose Kinder zu haben …« – »Ei«, antwortete sie, »warum lauft ihr so zusammen wie das Vieh? Ihr wollt in euren Ehen nur eure Wollust befriedigen, und hernach habt ihr die armen Kinder, die Früchte eurer Lüste, auf dem Halse. Ich bin funfzehn Jahre eine Frau, aber ich habe nur ein Kind, man muß die Zeiten prüfen und Gott nicht versuchen. Wenn ihr beten und arbeiten möchtet, so würde Gott euch und eure Kinder segnen.« – »Oh«, erwiderte der Mann, »ich dachte, Gott, der den Mund meiner Kinder geschaffen hat, würde auch Brot schaffen.« Sie fuhr dort, mit vieler Härte die erbaulichsten Dinge zu sagen, und nach vielem Drängen zahlte sie endlich mit der Versicherung, »es solle nicht bis an den dritten Erben kommen«, das gefoderte Geld. »Nun Frau«, sagte hier der Träger, der bisher geschwiegen hatte, »Sie hat uns auch so eine schöne Ermahnung gehalten, daß ich's nicht umsonst begehren kann. Sie ist ganz heiser geworden, da, trinke Sie einmal.« Zugleich warf er ihr die zwei Schustak hin, lachte hönisch, und ging fort.

Hier lächelte auch der sonst ernsthafte Jude, und gab ihm einen Timpf (Anm.: ¹⁄₅ Reichstaler), und unsre Rednerin schimpfte auf die ungesitteste Art, steckte aber in Gedanken

(denn ich kann nicht glauben, daß sie so niederträchtig ist, es wissend zu thun) das Geld in den Sack.

Diese sieben Meilen habe ich geschwinder und vergnügter zurückgelegt als die vorigen. In Heidekrug sind wir der unleidlichen Frau aus Memel losgeworden. Dagegen stieg ein Volontär, ein Franzos, mit seinem Bedienten auf. Er fing damit an, daß er zu einem Maler, der auf einer bequemen Stelle saß, sagte: »Fort, mein Herr!« – »Wie, fort?« sagte dieser trotzig, »ich werde nicht rücken.« – »Ich will schlechterdings eins von beiden«, sagte der Franzos, »entweder bleiben Sie sitzen, oder machen Sie Platz!« Der Maler blieb sitzen. »Gut«, sagte der Fremde, und setzte sich neben ihm. »Wenn die Leute nur gehorsam sind, so bin ich zufrieden.« Hernach wandte er sich zu dem Juden. »Glaubst du, daß dein Messias bald kommen wird?« Der Jude, der kein Französisch versteht, schüttelte den Kopf. »Entweder«, sagte jener, »er will's nicht glauben, oder er versteht's nicht, und so ist's mit allen Juden.« Drauf fragte er den Major, was er wäre. Der Major, der entweder nicht französisch sprechen kann, oder keine Übung hat, antwortete »Je suis majeur«. – »Ja«, sagte jener, »das seh' ich an Ihrem Bart.« Ich kam noch am besten weg. Indem ich lachte, bemerkte er, daß ich gute Zähnen habe. »Sprechen Sie auch nicht französisch?« Ich winkte verneinend, denn mein Bruder hat mir geraten, nicht merken zu lassen, daß ich es verstehe, und überhaupt mich nicht kenntlich zu machen. Ich merke auch, daß man auf diese Art vielem Verdruß entgehen kann. »Nun«, sagte der Franzos zu seinem Bedienten, »mit der bin ich zufrieden, wenn ich auch nicht mir ihr sprechen kann, wenn ich sie nur reden sehe. – Also daß keinmand sprech französisch?« Wir antworteten nein. »Guter Nacht donc«, sagte er, und schlief in wenig Minuten ein.

In der Nacht fiel in einem heftigen Ungewitter der Blitz in ein nahe an der Straße gelegenes Dorf. So groß unser Schrecken war, so herzlich mußten wir doch (denn das ist eine Schwachheit der

Beim Schreiner / Seite 70/71: Posthalterei

Deutschen) über den Franzosen lachen. Wir weckten ihn, als wir nahe an dem brennenden Dorf waren. »Ach, billiger Imel!« schrie er, »welcher grosser Brunstfeuer!«

Unterdessen ward das Wetter immer fürchterlicher, aber die Wirkungen desselben auf unsre Gesellschaft waren sehr verschieden. Der Franzos schlief ruhig ein, sein Bedienter gelobte aus Angst, ich weiß nicht welchem Heiligen, in 14 Tagen kein Fleisch zu essen, und auf der Stelle hundertundfunfzig Ave Maria zu beten; der Jude war still und weckte den Franzosen; der Geistliche beobachtete die Wendungen und Entfernung der Wetterwolken; der Major fluchte; und der Postillion sang »Nun gottlob es ist vollbracht…«.

Wie fortschrittlich man übrigens in Mon Plaisir/Arnstadt war, beweist die Sänfte vor der Poststation, der eben eine Dame entsteigt. Solche Sänften wurden in der Großstadt Leipzig beispielsweise erstmals 1703 verwendet, wie ein Bericht aus diesem Jahre schildert.

So hat auch um diese Zeit ein hoch löblicher Magistrat die nützliche Anstalt gemachet, daß man um ein gewisses Trinkgeld von einem Ort zum andern beides in der Stadt als Vorstädten hat können getragen werden. Zu welchem Ende hochermeldeter Senat gewisse Sänften verfertigen und hierzu gewisse starke Leute zu tragen bestellen lassen. Welches Sänftentragen den 29. September dieses Jahres seinen Anfang genommen hat und bis dato kontinuieret wird, weil man dessen Nutzen, sonderlich die Befreiung von Wind, Regen und Schnee, Abreißung der Schuhe, Abhelfung der Müdigkeit und Ersparung der Karreten und Abwendung anderer Verdrießlichkeiten, merklich empfindet, und bedienen sich derselben nicht allein die Staats-, sondern auch die gemeinen Leute.

Die Sänftenträger hatten sogar eine feste Ordnung, an die sie sich streng halten sollten.

Die Sänften sollen sie wohl und reinlich halten, im Tragen einen gleichen, hurtigen und steten Schritt fortgehen, ohne Schüttern und Anstoßen, wie auch ohne Stillestehen und Schwatzen …

Um das Tragelohn haben sie sich mit dem, so getragen sein will, zu vergleichen. Der Völlerei und übrigen Trunkes sollen sie sich enthalten, wie auch des Tabaksschmauchens beim Tragen, sollen einem jeden auf Erfordern willig aufwarten und mit der Sänfte abholen und niemanden mit unfreundlichen und schimpflichen Worten anlassen.

Mon Plaisir im Bild

S. 1 Bauernhof auf dem Vorwerk. Links sitzt in einer einfachen Stube ein junges Paar beim Frühstück, davor arbeitet eine Magd am Butterfaß. Im Stall werden gerade die Kühe gemolken, ein alter Bauer schneidet an der Häckselbank Futter, rechts geht eben eine Magd mit Rechen und Sichel aufs Feld.

S. 2 Visite. In einem grün ausgeschlagenen Zimmer sitzen zwei vornehme adlige Damen, vielleicht die Fürstin und ein Besuch, vor einem prächtigen Fayencekamin beim Tee. Besonders beeindruckt dabei das Medaillon des Kamins mit einer im 18. Jahrhundert sehr beliebten China-Szene.

S. 4 Großer Unterhaltungsabend bei Hofe. Damen und Herren tragen elegante Kleidung. Die Herrschaften rechts tanzen gerade ein Menuett.

S. 6 Bürgerliche Kinderstube. Links die Amme mit einem durchaus modern anmutenden Korbwagen, auf dem Tisch Kinderspielzeug, rechts ein verschließbares Gitterbett, in dem die Kleinen wie in einem Käfig untergebracht waren.

S. 10 Fürstin Auguste Dorothea von Schwarzburg-Arnstadt, die Schöpferin von Mon Plaisir, um 1730.

S. 14 Kleine Abendgesellschaft bei Hofe: die Kleidung der Herrschaften ist nicht so vornehm wie beim großen Unterhaltungsabend (S. 4). Während sie sich bei Kartenspiel vergnügen, warten recht dienststeifig der Leibhusar und der Hofmohr. Schwarzafrikaner wurden an den Fürstenhöfen gern als lebende Dekorationsstücke beschäftigt.

S. 17 Bei der Toilette. Eine Zofe und eine Hofdame bemühen sich um die Fürstin.

S. 18 Die in ein elegantes Jagdkostüm gekleidete Prinzessin stellt sich der Fürstin vor. Kleider dieser Art eigneten sich natürlich beim Reiten nur für den Damensattel. Herrensitz galt für Damen als grob unschicklich.

S. 20/21 Der Albertinische Garten 1744, eine terrassenförmige Anlage im französischen Stil. Der Garteninspektor weist die Gärtner bei der Arbeit ein, die Hecken sind überall sorgfältig beschnitten, im Sommer können die Pomeranzenbäumchen im Freien stehen, während sie im Winter in der zu solchen Gärten gehörenden Orangerie untergebracht sind.

S. 25 Im kleinen Hoftheater gastiert eine wandernde Schauspielertruppe. Schon die Kostümierung weist sie als solche aus. Ganz links der Hanswurst, eine lustige Figur, die auf keiner Bühne fehlen durfte und durch ihre zotigen, improvisierten Späße den Verlauf der Schauspiele immer wieder störte.

S. 27 Gesellschaftsabend. In familiärer Atmosphäre haben sich Damen und Herren in einem mit einer kostbaren Ledertapete geschmückten Zimmer zu einer Unterhaltung zusammengefunden.

S. 28 Feierlicher Gottesdienst in der katholischen Hofkirche, dem sowohl Mitglieder der Hofgesellschaft wie (vorn) Angehörige verschiedener geistlicher Orden beiwohnen.

S.31 In vornehmen Schlössern legte man Wert auf ein Porzellankabinett, in dem die wertvollsten Stücke ausgestellt wurden. Hier sind es überwiegend chinesische, aber auch ein paar japanische Vasen.

S. 32 Beim Mahle. Die fürstlichen Herrschaften speisen ausnahmsweise allein. Der Ofenschirm vor dem Kamin zeigt wieder chinesische Motive.

S.35 Im Weinkeller des Schlosses. Der Wein wurde teils direkt vom Faß gezapft und in großen Kannen zur Tafel gebracht, teils aber auch in Flaschen abgefüllt. Der Kellermeister links hinten verwendet zu diesem Zweck einen Stechheber.

S. 36/37 Auf dem Markt herrscht buntes Treiben, in Holzbuden werden von den Handwerkern Waren feilgeboten, daneben gibt es Bauern und Hausierer. Oben sieht man (von links) einen Wunderdoktor mit auffallendem Stab, einen Königseer Balsamträger und einen Possenreißer vor einem Puppentheater, unten einen »Slowaken«, einen Scherenschleifer und ganz rechts zwei Straßenmusikanten.

S. 39 Das abendliche Tabakkollegium war ein bei den Herren der Hofgesellschaft sehr beliebtes Vergnügen. Man rauchte ein Pfeifchen, trank ein paar Gläser Wein und spielte Karten oder Billard.

S. 41 Oben das fürstliche Raritätenkabinett, vollgepfropft mit wertvollen Kunstgegenständen und Kuriositäten. Unten links die Fürstin im Malerate-lier, rechts ein Gelehrter im Schlafrock und mit Zipfelmütze in seiner Studierstube.

S. 43 Kammermusikabende gehörten zu den besonderen Unterhaltungen bei Hofe. Das Instrument vorn rechts ist ein »Nürnberger Geigenwerk«, ein wie ein Cembalo gebautes Instrument, das mit Hilfe eines Pedals betätigt wurde.

S. 44 Der Hoffrisör bei der morgendlichen Toilette. Ein Diener hält ein Fayencebarbierbecken und ein Handtuch für den hohen Herrn bereit, dessen Nachtmütze noch auf dem Tisch liegt, während die große Allongeperücke schon bereit hängt, um über die Glatze gestülpt zu werden.

S. 46 In der Hofküche herrscht reger Betrieb, der Koch beaufsichtigt die

✻

arbeitenden Frauen vor dem großen Herd. Die verschiedenen Gerätschaften auf den hohen Wandregalen mußten mit Hilfe eines gabelarti-
gen Geräts heruntergelangt werden.

S. 48 Im Marktgetriebe hält auch ein Verkäufer von Rattenfallen seine
begehrte Ware feil. Man bezeichnete die oft aus Innerböhmen oder bis
aus Ungarn kommenden Männer meist einfach als »Slowaken«. Sie
arbeiteten auch als »Rastelbinder« und verlängerten durch Drahtge-
flechte die Haltbarkeit gesprungener Schüsseln und Töpfe.

S. 50 Herrschaftliche Kinderstube

S. 53 Das Schlafzimmer einer Zofe war nur sehr einfach eingerichtet.
Ein Bett mit Bettvorhang, ein Tisch und eine Truhe für die Kleider dienten als Mobiliar.

S. 55 Der Handweber am Webstuhl, rechts eine Frau am Spinnrad.

S. 57 In der (Hof)apotheke. Ein Bäuerlein holt gerade eine Medizin.

S. 58 Da die Fürstin Auguste Dorothea zum Katholizismus konvertiert
war, bestanden auch enge Beziehungen zum Erfurter Ursulinenkloster.
Oben links Unterricht, rechts Besuch im Sprechzimmer, unten links
Klosterküche, rechts ein Bettler an der Klosterpforte.

S. 61 Hühner auf dem Bauernhof des Vorwerks.

S. 62 Die bürgerliche Küche ist viel einfacher gestaltet als die Hofküche
(S. 46).

S. 64 In der Wäschekammer wird das Weißzeug von der Beschließerin
geplättet oder gepreßt (ein Vorläufer der Wäschemangel).

S. 66 Der Schreinermeister und sein Geselle bei der Arbeit.

S. 70/71 Vor dem »kayserlichen Post-Hauß« in Arnstadt herrscht reger
Betrieb, da eben die Postkutsche angekommen ist. Ein Hoflakei (im
kurzen Röckchen) gibt eben einen Brief ab, und auch der Thurn- und
Taxissche Eilpostreiter (rechts in gelber Uniform) ist eingetroffen.

Quellen

S. (12) Lang, Karl Heinrich Ritter von: Memoiren, Braunschweig 1842, S. 23 ff.

S. (14) ders., S. 200 ff.

S. (19) Vossische Zeitung, Berlin, 1749, Nr. 91

S. (20) Kolb, Annette (Hrsg.): Eine preußische Königstochter. Memoiren
der Markgräfin Wilhelmine von Bayreuth.
Frankfurt 1910. Neuausg. 1981, S. 312

S. (21) Scheller, Maria (Hrsg.): Am Weimarischen Hofe unter Amalien
und Karl August. Erinnerungen von Karl Frh. von Lyncker. Berlin 1912,
S. 62 ff.

S. (23) dies., S. 19 f.

S. (24) Riesbeck, Johann Kaspar: Briefe eines reisenden Franzosen über
Deutschland. Zürich 1783, Neuausg. Stuttgart 1967, S. 63

S. (25) Kolb, a. a. O., S. 403 ff.

S. (28) Goethe, Johann Wolfgang: Die Leiden des jungen Werthers
II. Buch (15. März)

S. (30) Buchner, E.: Anno dazumal. T. I. Berlin o. J., S. 257 ff.

S. (34) Freystag, Gustav: Bilder aus der deutschen Vergangenheit.
V. Buch, Kap.

S. (37) Vossische Zeitung. Berlin 1729. Nr. 137

S. (39) Zit. nach: Menchén, Georg (Hrsg.): Romantische Reise durch
Thüringen. Leipzig 1985, S. 113 ff.

S. (43) H. Bösch. Ein süddeutsches bürgerliches Wohnhaus vom Beginn
des 18. Jahrhunderts. In: Mitteilungen aus dem Germanischen National-
museum 1897, S. 46 f.

S. (45) Zitiert nach. Lahnstein, Peter: Schwäbisches Leben in alter Zeit.
München 1983, S. 370 ff.

S. (48) Zitiert nach: Probst, Christian: Fahrende Heiler und Heilmittel-
händler. Rosenheim 1992, S. 157 ff.

S. (51) Reichmann, H. (u. a. Hrsg.): Ein Jahrtausend deutscher Kultur Bd.
1. Leipzig 1925, S. 257 f.

S. (54) Hermes, Johann Timotheus: Sophiens Reise von Memel nach
Sachsen. III. Brief

S. (56) Reichmann, a. a. O., S. 255 f.

Die Kupferstiche stammen von Daniel Chodowiecki und sind dem
»Elementarwerk« von Johann Bernhard Basedow aus dem Jahre 1774
entnommen.